UIRÁ
SAI À PROCURA DE
DEUS

DARCY RIBEIRO

UIRÁ
SAI À PROCURA DE
DEUS

Ensaios de Etnologia e Indigenismo

São Paulo
2016

© Fundação Darcy Ribeiro, 2013
4ª Edição, Global Editora, São Paulo 2016

Jefferson L. Alves – diretor editorial
Gustavo Henrique Tuna – editor assistente
Flávio Samuel – gerente de produção
Jefferson Campos – assistente de produção
Flavia Baggio – coordenadora editorial
Deborah Stafussi – assistente editorial
Ana Lúcia Mendes e Fernanda B. Bincoletto – revisão
Eduardo Okuno – projeto gráfico e capa
Fotografia de Heinz Forthmann de um índio Urubu-Kaapor, ca. 1950. Acervo Fundação Darcy Ribeiro – capa

Obra atualizada conforme o
NOVO ACORDO ORTOGRÁFICO DA LÍNGUA PORTUGUESA.

CIP -BRASIL. Catalogação na fonte
Sindicato Nacional dos Editores de Livros, RJ

R369u
4. ed.

Ribeiro, Darcy, 1922-1997
Uirá sai à procura de Deus / Darcy Ribeiro. – 4. ed. – São Paulo: Global, 2016.

ISBN 978-85-260-2222-5

1. Ribeiro, Darcy, 1922-1997. 2. Índios da América do Sul – Brasil. 3. Etnologia – Brasil – Trabalho científico de campo I. Título.

15-24554
CDD: 980.4
CDU: 94(=87)(81)

Direitos Reservados

global editora e distribuidora ltda.
Rua Pirapitingui, 111 – Liberdade
CEP 01508-020 – São Paulo – SP
Tel.: (11) 3277-7999 – Fax: (11) 3277-8141
e-mail: global@globaleditora.com.br
www.globaleditora.com.br

Colabore com a produção científica e cultural.
Proibida a reprodução total ou parcial desta obra sem a autorização do editor.

Nº de Catálogo: **3720**

SUMÁRIO

Advertência do autor 9

Uirá vai ao encontro de Maíra: as experiências de um 13
índio que saiu à procura de Deus

Os índios Urubu: ciclo anual das atividades de 33
subsistência de uma tribo da floresta tropical

Sistema familial Kadiwéu 64

Notícia dos Ofaié-Xavante 90

A obra indigenista de Rondon 140

Os quatro princípios de Rondon 171

Bibliografia de Cândido Mariano da Silva Rondon 175

Bibliografia sobre a vida e a obra de 177
Cândido Mariano da Silva Rondon

Edições originais dos ensaios reunidos no presente volume 184

Vida e obra de Darcy Ribeiro 185

Advertência do autor

Reúno neste volume cinco ensaios de etnologia e indigenismo publicados há vários anos. Faço-o na suposição de que, além do seu interesse etnográfico, eles tenham algum atrativo para um público leitor mais amplo. São registros dos modos de ser e de pensar de grupos indígenas com os quais convivi longamente e cujas vivências e visões procurei entender.

Abro a série com um artigo em que reconstituo as desventuras de um índio **Urubu-Kaapor** que, inspirado na mitologia dos povos Tupi, saiu em busca de Deus. O tema serviu de base a um filme recente dirigido por Gustavo Dahl.

No segundo ensaio, em que também focalizo os índios **Urubu-Kaapor**, estudo as bases ecológicas da vida de uma tribo da floresta tropical, surpreendo e integro explicativamente as duas versões contrastantes da Amazônia – o paraíso tropical e o inferno verde.

O estudo seguinte versa sobre a organização familial dos índios **Kadiwéu**, que foi meu primeiro trabalho de etnólogo. Ele tem, talvez, o valor de buscar um sentido inteligível nos sistemas de parentesco tratados habitualmente como uma álgebra formalística e infecunda.

O quarto é um relato circunstanciado de uma visita a um grupo indígena já desaparecido, os **Ofalé**. De fato eu não vi a sociedade e a cultura Ofalé tal como elas terão sido originalmente. Vi o pouco que sobrou depois do impacto com a civilização vaqueira que invadiu seus campos para destiná-los à criação de gado. Alguns sobreviventes me falaram com nostalgia do seu povo como fora num passado quase esquecido. Eu transmito essa visão.

A eles junto um ensaio indigenista e a oração fúnebre que li diante do corpo de Rondon. Sua figura de humanista precisa ser reavivada na memória dos brasileiros nestes novos tempos de recrudescimento da selvageria contra os índios.

D. R., Lima, 1974

UIRÁ
SAI À PROCURA DE
DEUS

Uirá vai ao encontro de Maíra[1]
As experiências de um índio que saiu à procura de Deus

Nosso tema é a narração e, no possível, a interpretação dos fundamentos sociais e mítico-religiosos das experiências de um índio Urubu que saiu à procura de Deus. As desventuras de Uirá que, em novembro de 1939, depois de uma série de desenganos, se matou na vila de São Pedro, no Maranhão, lançando-se ao rio Pindaré.

Sua história se filia a toda uma copiosa documentação que se vem acumulando desde o primeiro século da ocupação do Brasil sobre movimentos messiânicos, de revivalismo e outros do mesmo caráter, vividos por índios levados ao desespero em consequência da expansão de nossa sociedade e de seus efeitos dissociativos sobre a vida tribal. Todos eles são, de resto, casos locais de fenômenos que se verificaram em várias partes do mundo onde povos de nível tribal sofreram o impacto da expansão civilizadora da Europa.

A análise dessa documentação interessa-nos duplamente: em primeiro lugar, porque nos habilita a caracterizar algumas faces do conceito de civilização; em segundo lugar, pelo que ensina sobre a natureza humana ou, mais especificamente, sobre as reações que podem experimentar seres humanos enquadrados em tradições culturais particulares quando, levados ao desespero, perdem o interesse pela existência tal como ela se oferece.

Diversos movimentos de fundamento mítico-religioso ocorridos na América do Sul foram documentados por Ehrenreich (1905),

---

1   Reproduzido de *Anhembi*. São Paulo, v. 26, n. 76, mar. 1957.

Koch-Grünberg (1919), Nimuendaju (1914 e 1915), Métraux (1931) e Schaden (1954). Em geral assumiam as formas clássicas do messianismo, em que um redentor esperado era reconhecido por seu povo e o levava à rebelião ou à migração e a outros movimentos religiosos com a promessa de instituir uma ordem social idílica.

O caso de Uirá, não tendo a mesma amplitude, não pode ser caracterizado como messianismo. Trata-se, antes, de uma experiência individual, movida embora pelos mesmos fundamentos. Uirá não arrastou seu povo à sua aventura, nem foi, em qualquer momento, reconhecido como um profeta ou messias. Simplesmente, diante de uma situação de desengano, seguiu um caminho prescrito pela tradição tribal, caminho que no passado foi palmilhado por muitos, e que talvez volte a atrair outros no futuro.

Aliás, esse caráter individual da experiência de Uirá é que empresta maior interesse à nossa comunicação. Casos de messianismo e revivalismo em que tribos inteiras ou parcelas consideráveis delas são levadas à rebelião dificilmente escapam a um registro. Mas experiências sobrenaturais individuais como a de Uirá, via de regra, não são nem meramente percebidas pelos que as presenciam. Só um conjunto de circunstâncias favoráveis chamaram nossa atenção para ela, permitindo reunir a documentação que analisaremos a seguir.

Antes, porém, devemos situar Uirá em seu contexto tribal para compreendermos os fundamentos sociais de sua experiência.

Os índios Urubu vivem à margem de pequenos cursos d'água que correm para o rio Gurupi, o Turiaçu e o Pindaré, na orla da floresta amazônica que avança pelo território maranhense. Constituem em nossos dias os últimos representantes dos modos de vida dos povos de língua Tupi que ocupavam a costa por ocasião da descoberta.

O nome "urubus" é naturalmente designação brasileira e data do tempo em que constituíam a tribo mais aguerrida do Pará, que mantinha em pé de guerra todo o alto curso do rio Gurupi. Eles se designam como Kaapor, que significa, aproximadamente, "moradores da mata".

Só foram chamados ao nosso convívio pacífico em 1928, depois de anos de esforços do pessoal do Serviço de Proteção aos Índios. Desde então, têm-se mantido em paz com os moradores do Gurupi, índios e civilizados, mas ainda são temidos pela população sertaneja maranhense que circunda seu território, incapaz de acreditar que se possa conviver com índios entre os quais fizeram tantas vítimas e dos quais sofreram tantos agravos.

Incidentes ocasionais, fruto quase sempre da mútua desconfiança que ainda prevalece, justificam essa atitude, aprofundando o ressentimento recíproco.

Percorrendo a região, quando nos hospedávamos em casa de sertanejos da margem maranhense e falávamos do nosso projeto de visitar as aldeias dos Urubu, éramos instados a desistir do que lhes parecia a aventura mais temerária. Os que não se manifestavam desse modo tomavam-nos como "amansadores de índio" que deviam ser estimulados em seus propósitos generosos, mas um tanto imprudentes.

Pouco mais de 25 anos de convívio pacífico custaram aos índios Urubu cerca de dois terços de sua população, vitimada já não por trabucos, mas pelas epidemias de gripe, sarampo, coqueluche e outras moléstias que assolaram suas aldeias. Hoje eles estão tomando consciência do preço que custaram as ferramentas, as miçangas e os poucos outros bens que obtiveram dos civilizados, e voltam-se para o passado, que recordam como o bom tempo das grandes aldeias cheias de gente, dos roçados enormes e fartos, da alegria de viver que se vai esgotando.

E, à medida que cresce o desengano, voltam-se para as velhas fontes de emoção. A pajelança, só recordada nos mitos, cujas técnicas mesmo se tinham perdido, ganha vigor, praticada por pajés Tembé que aos poucos vão conquistando a liderança religiosa do grupo.

Os índios Tembé que vivem também no Gurupi, e muitos dos quais se recolheram às aldeias Urubu, já percorreram todo o caminho do convívio pacífico em que os Urubu apenas se iniciam. Não têm ilusões sobre sua incorporação na sociedade civilizada, que poderia ter sido um futuro, nem esperanças de reconstituir a vida antiga. Como os Apopocuva, estudados por C. Nimuendaju, certos de que se encontram num mundo que já não tem lugar para eles, os Tembé voltam-se para o passado redefinindo o mito da criação numa promessa de cataclismo que destruirá a Terra e a vida. Sua preocupação obcecante e, talvez mesmo, sua última esperança, é esse cataclismo que porá fim a toda a criação.

Aconselhados por esses desenganados que falam uma variante da mesma língua e se fundamentam na autoridade de uma mitologia comum, os índios Urubu vão sendo envolvidos no mesmo desespero. Talvez ainda mais grave, porque, ao menos em um caso diretamente observado por nós, o pajé Tembé suscitava e capitalizava esse desengano para levar índios Urubu a trabalhar em seu roçado. Assim é que poucos anos de convívio conosco os estão levando a viver antecipadamente momentos de um processo dissociativo que, sem a presença dos Tembé, eles só alcançariam no futuro e provavelmente exprimiriam por outras vias.

Percorrendo as aldeias Urubu em 1951, registramos o caso de um índio que se matou vazando o pescoço com uma flecha, em virtude do pavor a que fora levado por um pajé Tembé que o convencera de que o avião comercial que sobrevoa semanalmente o território tribal iria despejar do céu uma chuva de fogo. Toda a gente de outro grupo local destruiu as casas e os bens mais preciosos – as coleções de adornos plumários – para seguir o mesmo pajé que profetizava o fim do mundo pelo estouro do Sol. Índios que nada sabiam de pajelança além dos relatos míticos, por insinuação dos pajés Tembé, tomavam maracás e experimentavam o seu poder xamanístico num esforço por controlar as forças sobrenaturais e livrar sua gente das ameaças que acreditavam pesar sobre ela.

Intrigas de pajelança e feitiço provocaram recentemente, depois de nosso regresso, o primeiro assassínio de que tem notícia a tradição tribal Urubu.

Esse ambiente de desengano, provocado pela mortalidade enorme e pelo enfraquecimento físico ocasionado por doenças levadas pelos civilizados e por uma série de outras condições de penúria, e exacerbado por um corpo de crenças e de práticas mítico-religiosas constitui o fundamento das experiências de Uirá.

Tivemos pela primeira vez a história de Uirá diante de nós, como fatos, em 1951, na vila de São Pedro, no Maranhão, onde ele se matou. Conhecíamos já a lenda. Seu nome fora dado a um posto e a uma embarcação do Serviço de Proteção aos Índios, "como homenagem ao pundonoroso e digno cacique Urubu que preferiu atirar-se a um cardume de piranhas a regressar à tribo sem desafrontar-se dos insultos e agressões que recebera dos 'civilizados' a que viera procurar num movimento de simpatia e fraternidade".[2] Sua história inspirara poemas, artigos e até um ensaio. Este último procurando demonstrar, com prova nas qualidades heroicas atribuídas a Uirá, que o indianismo romântico de Gonçalves Dias era expressão concreta dos fatos. Segundo outra versão, Uirá seria "O grande chefe dos índios Urubu que teria deixado um dia a sua aldeia para uma viagem de confraternização com os brancos". Trazia consigo a mulher e um casal de filhos, estes últimos para educar. Em caminho fora de tal modo desrespeitado, maltratado e espancado que, de regresso, "chama a mulher e os filhos (citamos um desses artigos) – diz-lhes que, consoante a lei da tribo, não poderá voltar desonrado para a aldeia, e com a aquiescência de todos passa a chefia ao filho, Uiraru.

---

2   Boletim do SPI n. 1, p. 2, nov. 1940.

Em seguida afasta-se do grupo e lança-se no rio Pindaré, à voracidade das piranhas."[3]

Ainda em São Pedro ouvimos mais uma variante dessa mesma história. Lá, porém, encontramos as primeiras evidências: os ossos de Uirá e o inquérito policial referente à sua morte. Pudemos ler os testemunhos dos pescadores que tarrafearam o cadáver, segundo os quais, ao suspenderem-no, ainda tiveram de matar piranhas que vieram envolvidas nas vestes: de Uirá "só restaram os ossos". O corpo de delito, firmado pelo farmacêutico local, reza que a morte se deu por afogamento e o corpo foi devorado pelas piranhas, "só ficando intactos os pés".

São Pedro fica à borda da mata em que Uirá deveria entrar para regressar à sua gente. Esse era também nosso caminho para a segunda visita aos Urubu. Uma vez nas aldeias, procuramos reconstituir a história, num esforço para explicar aquele suicídio. Tudo o que sabíamos sobre os índios Urubu, graças à pesquisa anterior, indicava que a lenda do grande chefe, embaixador em missão de paz, não podia ser verdadeira. No curso da segunda expedição, fomos, aos poucos, reunindo os fatos até que numa aldeia encontramos Katãi, viúva de Uirá, seu filho, Ihú Irapik, e sua filha, Numiá, com os quais pudemos reconstituir os acontecimentos e interpretá-los na forma como são apresentados aqui.

Uirá era tão somente um chefe de família, um líder de sua aldeia. Certamente mais emotivo que o comum, porque se deixou afetar mais que os outros por desventuras que pesaram sobre todos, mas só a ele levaram a empreender a grande viagem dos desesperados.

Foi impossível obter de nossos informantes a narração de todos os infortúnios pessoais que conduziram Uirá ao desespero. Talvez estivéssemos exigindo infortúnios demasiados, a gosto de tragédia, quando cada ser humano tem sua própria medida de desengano. Verificamos

---

3   A Lei das Selvas. *O Radical*, Rio de Janeiro, 22 ago. 1940.
      Chacina de índios no Maranhão. Idem, 1 nov. 1941.

que uma epidemia de gripe assolara a aldeia matando muitos, inclusive um filho seu que se fazia rapaz. Uirá começou, então, a percorrer os caminhos prescritos pela tradição tribal para os infortunados, ficou iñaron.

Essa expressão Tupi, que tem sido traduzida por raiva, cólera, indica para os índios Urubu um estado psicológico de extrema irritabilidade, que exige o mais total isolamento para ser debelado. Desde que alguém se declare iñaron é imediatamente abandonado por todos, ficando com a casa, os bichos e toda a tralha à disposição para o que lhe aprouver. De ordinário cura-se rapidamente quebrando potes, flechando xerimbabos ou, nos casos mais graves, cortando punhos de rede e derrubando a própria casa. Quando passa o ataque de ódio feroz voltam os parentes como se nada houvesse, reconstrói-se o destruído e a vida prossegue.

Assim o grupo reconhece e salienta o interesse coletivo na crise emocional individual, proporcionando ao raivoso um amparo e uma reverência que devem contribuir muito para fazê-lo voltar prontamente ao normal. Graças a essa instituição, as tensões dissociativas são desviadas, evitando-se os conflitos dentro do povo.

Uirá, com a morte do filho, declarou-se iñaron, foi abandonado por algum tempo, agiu como se espera dos raivosos e mais tarde voltou ao convívio de sua gente.

Mas logo se viu – segundo deduzimos dos relatos – que não se tratava de um simples caso de iñaron; pois pouco depois Uirá caía num estado cada vez mais profundo de prostração, de tristeza e desengano. Estava apiay, conforme nos disse Katãi, a viúva.

Decidiu, então, experimentar outro caminho prescrito pela tradição tribal para as grandes crises morais: transformar as tensões emocionais em furor guerreiro e sair pelas aldeias aliciando outros desenganados para uma sortida contra os índios Guajá.

Antigamente os índios Urubu tinham inimigos nos grupos de brancos e de índios Tembé e Timbira que circundavam o seu território. Com a pacificação só restaram os Guajá – pequena tribo arredia que vive encravada nas matas do alto Pindaré e constitui o último grupo inimigo que resta aos Urubu e, como tal, suporta todo o peso da instituição tribal de transferência de tensões emocionais. Cada epidemia que faz vítimas nas aldeias Urubu, cada desgraça que os atinge engendra esses grupos de desesperados que vão se vingar nos Guajá. Uirá participou de um desses bandos guerreiros de compensação emocional, fez vítimas e sofreu ferimentos. De regresso, percorreu as aldeias narrando, no estilo pantomímico dos Urubu para esses casos, os seus feitos. Representou no pátio das aldeias, com a gesticulação mais eloquente, os combates de que participou e exibiu as cicatrizes como condecoração.

Mas nem assim alcançou o equilíbrio emocional que buscava, continuou "apiay, pensando no filho morto".

Haviam-se esgotado para Uirá as fontes do gosto de viver, e nenhum consolo ou alívio lhe trouxeram as formas tradicionais de reconquistar o controle emotivo: – o isolamento e a guerra. Mas tinha ainda energia para uma última empreitada, aquela de que dão notícia a tradição oral e os mitos tribais: a lenda dos heróis que foram vivos ao encontro de Maíra, o criador.

Essa é a empresa mais terrível a que um índio Urubu pode se propor. Nada indica que Maíra acolha benevolamente a seu povo em sua morada. As lendas só se referem a essa possibilidade para enumerar detidamente as provações terrificantes que devem experimentar os que ousam a façanha.

Maíra é o herói-civilizador dos povos Tupi, aquele a quem atribuem a criação do mundo, dos homens e dos bens de cultura. Seus feitos foram registrados por Thevet e outros cronistas coloniais entre os Tupinambá, e, em nosso tempo, por Nimuendaju entre os Tembé.

A versão Urubu da cosmogonia Tupi justifica tratar Maíra como algo mais que um herói mítico. A realidade e atualidade de sua existência fazem dele quase uma divindade. Não é concebido apenas como o demiurgo que operou numa era mítica criando o mundo e as coisas, mas como um ser vivo e atuante. Ainda agora, as hecatombes, as tempestades e toda a vida, concebida como uma luta, é explicada pelos índios Urubu através da alegoria de um conflito permanente entre um Maíra pai e um Maíra filho em que duplicaram o herói. Embora não esperem qualquer ajuda de Maíra nem concebam que se possa apelar para ele ou invocá-lo, sua ação é necessária e eficiente para manter a ordem cósmica agora como no tempo da criação.

Vejamos alguns trechos da versão que colhemos da cosmogonia Urubu:

– Tudo era claridade, não existia nada.

– No princípio não existia nada, só Maíra e aquele clarão.

– Maíra fez a terra e os rios grandes, depois mandou um macaco gigantesco plantar a mata.

– Quando a mata já estava pronta, Maíra fez as gentes, antes disto fez Tapīxī para ser seu irmão e mandou para o norte; Maíra ficou no sul.

– Depois de fazer as coisas, Maíra perguntava o nome, elas diziam: "eu sou mandioca". Cada coisa disse seu nome e Maíra os ensinou aos Kaapor.

– Maíra só fez os grandes rios e a mata. Os igarapés, as caças e os peixes foram feitos pelo filho de Maíra, para que a gente pudesse viver.

– Os homens foram feitos de madeira. Maíra fez os Kaapor de pau-d'arco (Tadyki), aos Karaiwa (brancos) de sumaúma (axuigi) e aos Guajá de pau podre, por isto vivem no mato, não fazem casa, só comem coco.

– Maíra queria que os Karaiwa fizessem as coisas tão bem como ele próprio, que fossem iguais a ele.

– Os Karaiwa sabem fazer as coisas porque Maíra ficou mais tempo com eles ensinando tudo.

– Maíra não quis ensinar aos Kaapor como se faz terçados, facas, machados; disse que os Karaiwa deviam fazer isto e dar aos Kaapor...

– Maíra não ensinou aos Kaapor como fazer panos finos, disse que deviam andar como ele, nus, sempre com o arranjo de decoro e o corpo pintado de preto e vermelho.

– Maíra ensinou aos Kaapor como fazer os diademas de penas amarelas.

– Quando Maíra acabou de fazer os homens escolheu os que seriam tuxauas e os que seriam caciques para mandar e os que seriam miassu para trabalhar.

– Maíra não queria que os homens morressem, e os fez como as cobras, as cigarras, as aranhas que, quando envelhecem, mudam o couro e ficam jovens outra vez.

– A gente dorme demais, Maíra dizia aos homens que fez: "Não durmam tanto, fiquem acordados", mas eles viravam e dormiam novamente.

– Maíra disse aos homens que Mira-Kurusá (a árvore de Maíra que nunca morre, porque, como as cobras, está sempre mudando a casca) iria chamá-los à noite. Pediu que ficassem acordados, porque quem não respondesse aos méritos da sua árvore conheceria a morte.

– Mas os homens dormiam muito. Mira-Kurusá chamou três vezes, eles não ouviram; só as árvores, a cobra e a aranha estavam acordadas e responderam.

– Maíra veio e então disse: "agora vocês serão mortais". Desde então quem morre aqui na terra vai para o céu, para a casa do filho de Maíra.

– A terra é o lugar de Maíra, o céu é o lugar de seu filho, desde que ele foi lá encontrar-se com seu irmão, o filho de Mikura que morrera.

– Todos os moradores do céu são bonitos. Quando chegam lá, Maíra-mimi os leva, puxa os dedos, os braços, o topete da cabeça e passa água no rosto para ficarem bonitos.

– Desde que o filho de Maíra subiu ao céu para ficar com seu irmão, ele está sempre lutando contra o pai: todas estas pedras que se veem aí pelos rios, pelos outeiros, quebradas, achatadas, foram casas de Maíra que Maíra-mimi destruiu.

– Quando relampeia e cai raio de fogo é porque Maíra-mimi está brigando com seu pai.

– Maíra não pode parar muito tempo num lugar, tem que sair para outro porque Maíra-mimi o persegue.

– Maíra está magro, a cintura dele está como tanajura, porque não pode comer; o filho não deixa.

– Mas Maíra não morre, o filho não pode com ele. Quando acaba com uma casa, Maíra vira jacaré e cai dentro d'água, fica até dias dentro sem sair, por isto está magro.

– Água não faz bem a Maíra, por isto ele está inchado, mas o filho não o deixa fora.

– O filho de Maíra vive no céu com as añangas (almas) de todos que morreram. Lá, às vezes, fazem grandes cauinagens, todos ficam bêbedos. Maíra toma um arco enorme e atira para todo lado, suas flechas são os trovões e os raios; depois derrama os potes gigantes em que guarda a água e ela cai aqui como chuva.

– Maíra fez três estrelas grandes para tomarem conta do vento, das águas e dos peixes, destas três nasceram todas as outras. São: Kamanãno que manda o vento derrubar as árvores; Arapiá que comanda o vento e toca as embarcações nos rios e luséraiu que incha os igarapés em que sobem todos os peixes para desovar.

Nas noites de verão os índios Urubu ainda veem Maíra, o velho, que se desloca pelo céu em visita a Tapixi. Então toda a gente da aldeia grita: "Eh Maíra, nosso avô!".

Também os moribundos Urubu veem Maíra, o filho, que vem para encaminhá-los à sua morada.

O que nos interessa aqui, porém, no mundo de comentários que essa cosmogonia poderia suscitar, são as possibilidades de alcançar Maíra, o velho, com o próprio corpo, que os Urubu entreveem nos textos míticos. Vários deles se referem a essa possibilidade.

> – A morada de Maíra é para o sul, depois do segundo rio grande, longe. Ninguém pode ir lá. Os moradores de lá não morrem; quem morre vai lá. Os Karaiwa podem passar pelo lugar que não veem nada. Só os Kaapor antigos podiam ver.
>
> – Para chegar à morada de Maíra tem de passar um rio grande, quando a canoa vai aproximando não pode andar mais porque a água vira borracha e por mais que se reme ela não anda. A pé também não vai, a areia prega os pés da gente e não deixa andar mais. Quem vai morre ali sem poder sair.
>
> – Gente que vai lá vira pedra. Chega à margem do rio grita para Maíra pedindo terçado. Ele pergunta zangado: "Você não sabe fazer terçado?" A gente não sabe e ele faz virar pedra ali mesmo onde está.
>
> – Maíra corta uns paus, assim (pedaços pequenos) e joga n'água, quando boiam já é gente Kaapor e Karaiwa; eles querem nadar para o lado de Maíra, mas ele não deixa, têm que vir para o lado de cá.

De outro contexto selecionamos este fragmento:

> – A morada de Maíra é de pedra, de espelho, não há nada de madeira lá. Maíra se veste com roupa como espelho, tem também um espelho na testa, olha por ele e vê longe quem se encaminha para sua morada. Se vê alguém, grita: "Vá embora, sua pele não presta". Ninguém pode ir lá.

Um dos mitos fala-nos de um homem que viu as filhas de Maíra e quis casar com uma delas. Juntou muitos presentes e partiu. Achou que o caminho era fácil porque parecia perto. Mas não conseguiu chegar porque a estrada era muito íngreme e constantemente açoitada por uma ventania fortíssima que o jogava para baixo.

Dois outros mitos narram tentativas frustradas de chegar à casa de Maíra. Vejamos o primeiro deles:

> – A morada de Maíra é para lá (norte), depois de um rio grande que quase não acaba.
>
> – Uns Karaiwa passaram uma vez descendo o grande rio para ir à casa de Maíra. Levaram com eles um Kaapor ainda jovem. Andaram, andaram, aquele índio ficou homem. Ao atravessar uma terra encontraram um camaleão que os acompanhou. Queria ver Maíra para arranjar um couro novo.
>
> – Andando, chegaram a um lugar que só tinha cobra, as cobras subiram na perna do Kaapor e enrolaram, mas o camaleão cortou-as pelo meio. Aí o Kaapor voltou, não quis mais seguir viagem, os Karaiwa seguiram.
>
> Quando aquele índio voltou era velho e o camaleão veio com ele, por isto é que tem aquele couro feio todo encolhido.
>
> Aquele Kaapor ia com os Karaiwa para arranjar uns terçados e ferramenta com Maíra, mas os Karaiwa, quando ele voltou, deram muitos terçados que o velho trouxe.
>
> – Os Karaiwa seguiram viagem, andaram muito, atravessaram rio grande e chegaram à morada de Maíra. Aí o viram, ele estava trabalhando em ferro: tin, tin, tin, era aquele barulho dele batendo nos ferros para fazer manchete. Tinha casa grande cheia de tudo que é ferramenta.
>
> Maíra os viu e pegou os que pôde, uns cinco, e foi batendo na cabeça deles; cada um em que batia ficava enterrado até a cintura no chão e morria ali. Os outros Karaiwa fugiram.

Outro mito trata de um pajé que, desejando ir à morada de Maíra, juntou gente e partiu:

> – Para atravessar o rio grande eles fizeram pontes de cipó de uma pedra a outra até alcançar a terra onde estava a casa de Maíra.

Mas saiu gente que os viu chegando e foi atacá-los com flechas. Um Karaiwa matou aquele pajé com duas flechadas no peito, ele caiu lá.

– Os outros voltaram; quando vinham pelo caminho, encontraram daquelas frutas compridas como um braço, finas como dedão do pé que os Karaiwa comem muito. Eles comeram daquela fruta também e continuaram viagem.

– Quando chegaram na aldeia deles foram ver a viúva e contar o que tinha acontecido com o marido.

No texto seguinte, colhido numa conversa informal sobre pajelança, o poder dos pajés antigos é salientado pelo informante através de uma referência à sua capacidade de ajudar na realização da grande empresa. Em seguida reitera o consenso tribal sobre a preferência de Maíra a seu povo:

– Quando havia pajé bom, muita gente ia para a casa de Maíra; o pajé cantava, fumava cigarros grandes, depressa eles chegavam lá.

– Agora não há mais pajé e quase ninguém pode ir lá.

Só a gente bem morena de cabelo preto liso pode ir para casa de Maíra. Os brancos não podem ir lá, quando chegam, Maíra os manda sentar e eles viram bancos de pedra.

Os documentos seguintes, colhidos também durante conversas informais sobre a natureza de Maíra, não constituem mitos propriamente. São, antes, atualizações, em atitudes e certezas práticas, do saber e da fé neles contidas. Mais que as próprias dramatizações míticas, são essas certezas nelas inspiradas, repetidas a toda hora e a propósito de todas as coisas como a explicação mais geral e a motivação mais profunda, que fundamentam a esperança do homem de alcançar vivo a morada de Maíra.

– Maíra é como os Kaapor, moreno, pinta-se também com jenipapo e urucu, amarra o membro viril e usa diadema de japu como nós.

– Maíra às vezes aparece como Kaapor, depois dá uma volta pela casa e surge todo vestido e grita: "eu sou Karaiwa-té". Torna a rodear a casa, volta como cachorro e diz: "eu sou iawar-té". Depois aparece como cavalo, como cigarra. Maíra é tudo.

– Um Kaapor viu Maíra. Levava seu diadema de japu. Quando foi chegando gritou: "eu sou Kaapor, sou forte". Maíra disse também: "eu sou Kaapor, sou forte". Viu o diadema escondido e deixou aquele homem ficar lá na morada dele.

Em todos esses textos está presente para os índios Urubu, apesar das contradições e ambiguidades,[4] a possibilidade de ir ter com Maíra, desde que estejam dispostos a enfrentar as provações.

Essa foi a decisão de Uirá em seu desencantamento.

Segundo prescrevem as tradições tribais, fez pintar seu corpo com as tintas vermelha e preta do urucu e jenipapo, conforme ensinara Maíra aos Kaapor. Paramentou-se com os adornos plumários que foram também dádiva de Maíra. Tomou as armas, o arco e as flechas, igualmente criação de Maíra para o seu povo, e, finalmente, um paneiro de farinha que deveria levar para, ao deparar-se com o herói, tomar um punhado nas mãos e dizer:

– Eu sou sua gente, a que come farinha.

Com toda essa paramentália estava certo de que seria reconhecido por Maíra como Kaapor e teria ingresso com sua mulher e filhos

---

4   Toda a visão do mundo dos índios Urubu, tal como a pudemos entrever, após as experiências de vinte e tantos anos de convívio com nossa sociedade, é um esforço de redefinição das alegorias míticas em face de sua nova vida de povo subjugado que está tomando consciência de seu verdadeiro lugar e importância entre os povos. As contradições formais e as ambiguidades de sentido dos textos citados exprimem esse esforço de reelaboração com o qual continuam explicando o mundo e encontrando motivações na velha cosmogonia. Esse é o caso das identificações flagrantes de Maíra com os brancos, dos Karaiwa com os brancos e os pajés que permitiram a Uirá marchar para uma grande cidade como quem vai ao encontro do herói.
Voltaremos à análise desses problemas num estudo especial sobre o perfil psicológico e a visão do mundo dos índios Urubu.

em sua morada, onde não há morte, onde as flechas caçam sozinhas; os machados, a uma simples ordem, partem para a mata e fazem as derrubadas.

Figuremos Uirá, magnífico em seus adornos, o corpo pintado, à imagem do herói mítico, armas à mão, a tensão de quem enfrenta a mais terrível provação expressa no rosto, nos gestos. Assim devia parecer à mulher e aos filhos, aos olhos de sua gente.

Para os sertanejos maranhenses com quem iria deparar, porém, era tão somente um índio nu e armado, nu e furioso.

Segundo a narração de Katãi e dos filhos, eles percorreram rapidamente duas a três centenas de quilômetros através da mata até sair na zona de campos cerrados. Uirá sempre em seus paramentos, caçando e pescando para alimentá-los.

No rumo que tomaram iriam ter fatalmente a São Luís, capital do Maranhão; mas para Uirá esse era o roteiro da morada de Maíra. Como era inevitável, encontraram logo as ranchadas dos pioneiros sertanejos através das quais nossa sociedade se expande em seu avanço pela orla da mata maranhense. Ora, essa é precisamente a gente que, estando mais próxima dos índios e mais desamparada nos ermos inóspitos e desolados em que se encontra, mais os teme.

É fácil imaginar a reação do primeiro núcleo sertanejo à chegada do pequeno grupo indígena. Uirá, com o corpo pintado de vermelho e preto, armas à mão, lhes deve ter parecido o cabeça de um troço de índios que vinha atacá-los. Só assim se pode explicar o furor com que se lançaram contra eles, com que os prenderam e espancaram, segundo o relato da Katãi.

Mas vendo que não apareciam outros índios, os ânimos se desarmaram, os trabucos foram guardados e, mais tarde, os reféns foram deixados à sua sorte. Uirá desfez-se das calças que lhe foram impostas, refez como pôde sua paramentália, para isso trazia as tintas, mas os adornos plumários e as armas saíram muito estropiados desse primeiro embate.

Nos outros vilarejos cada vez mais numerosos e mais populosos, à medida que prosseguiam, a mesma recepção se repetiu, muitas vezes. Desrespeitados, maltratados, espancados, seguiram em frente.

Katãi e os filhos relatam, então, a prova mais dura suportada por Uirá: a descrença deles próprios. Segundo suas expressões, copiadas de nossos diários:

> – "Os Karaiwa falavam, falavam. Uirá não escutava, não entendia nada. Uirá falava, falava, gritava que ia ver Maíra, mas ninguém entendia nada. Mais tarde chegaram os Karaiwa que escrevem; estes falavam, falavam em tom de quem pergunta, depois escreviam, como faz você." "Dissemos a Uirá que aquele não podia ser o caminho de Maíra, mas ele sabia que era. Ele ficou iñaron. Nós não queríamos ir adiante, ele nos espancava e obrigava a seguir. Todos os dias batia em nós."

Era a experiência mais terrível para Uirá. Até então deve ter identificado a incompreensão e os espancamentos que sofrera dos brancos como as provações míticas que esperava e aceitava. Elas eram a expiação, o preço, a verdadeira estrada que levaria a Maíra. Agora, era a descrença de sua própria gente que ele devia enfrentar. Mas como desistir depois de tantos sofrimentos, como regressar se também não tinha mais por que viver a vida que se oferecia na aldeia do filho morto, da gente enfraquecida, da vontade de viver perdida?

Uirá seguiu com sua gente, refazendo sempre a paramentália, recusando-se a usar as calças que lhe queriam impor em cada vilarejo e que o desfigurariam aos olhos de Maíra.

Nessa marcha alcança uma cidade, Viana, com suas autoridades escrevedoras, sua polícia, seus costumes mais exigentes. Ali já não era possível largar "um índio nu, um índio louco, a espancar a mulher e os filhos".

Uirá, que se propunha viver a lenda dos heróis míticos de seu povo, era para Viana o índio louco que não aceitava roupas e ameaçava e vociferava a qualquer tentativa de disciplina. Uma vez definido nesses termos o problema, as autoridades cumpriram seu papel; prenderam o doido para remetê-lo a S. Luís. Que não foi fácil fazê-lo entrar na canoa e seguir viagem, deu-nos a entender Katãi, contando que os barqueiros lhe quebraram a cabeça com os remos e o amarraram. Assim foi entregue à polícia da capital, que o recolheu a uma enxovia.

Essa foi uma nova provação. Até então havia enfrentado obstáculos contra os quais podia reagir, mas que fazer diante das grades de ferro, separado da mulher e dos filhos? Uirá, em seu desespero, tomava com as mãos as barras da porta, batia com a cabeça nos ferros, fazendo-se sangrar.

Assim foi encontrado pelos funcionários do Serviço de Proteção aos Índios, que levantaram um protesto público contra as violências e começaram a tecer, incontinenti, a lenda tão verossímil do emissário de paz. Liberto, Uirá é posto em tratamento, ganha presentes e, enquanto espera o regresso à aldeia, que todos imaginavam ser seu desejo, passeia pela cidade.

Ainda em S. Luís dá-se um incidente que, apesar de constituir o principal assunto de toda a imprensa local durante vários dias, não ficou esclarecido.

Apenas sabemos[5] que, uma tarde, Uirá, a mulher e os filhos saem "com suas bagagens à maneira de quem vai viajar, não atendendo ao chamamento dos funcionários do SPI que cuidavam deles". Vão ter "à praia de Madre de Deus, onde, fitando o rio Bacanga, soltaram gritos de entusiasmo e exclamações de alegria... fizeram gestos ininteligí-

---

5 As notícias do incidente foram colhidas nos jornais *O Globo*, *O Imparcial* e *Diário da Noite* de São Luís do Maranhão, edições de 26 de outubro a 5 de novembro de 1939.

veis, como que indicando que queriam atravessar o rio". Em seguida, encontrando uma canoa, "tentam embarcar nela e lançar-se numa aventura pelo mar". Mas, "compreendendo que a maré estava baixa para a navegação, os índios, pai e filho, atiram-se à água, nadando até a praia". Assim foram ter a uma "coroa" onde trabalhava um grupo de pescadores, com os quais "por motivos ignorados travou-se uma luta da qual resultou amarrarem o tuchaua com fortes cordas de pés e mãos, como se fosse um suíno e, em seguida, espancarem-no barbaramente, deixando-o ensanguentado sobre a lama". Com a celeuma levantada e os gritos de Katãi e da filha, juntou-se verdadeira multidão. Nisso, "com grande esforço o tuchaua conseguiu livrar-se das cordas e, desvencilhando-se também das roupas, nu em pelo, fugiu, pondo-se a nadar com espantosa rapidez".

Quando as autoridades conseguiram alcançá-los, Uirá apresentava "um grande ferimento na região parietal esquerda, cuja origem é desconhecida". O filho depois de retirado d'água conseguiu escapar, refugiando-se por vários dias nos mangais que circundam S. Luís.

Em face da identificação dos caminhos de Maíra com o mar, sugeridos pela mitologia Urubu e demonstrados concretamente pelos movimentos messiânicos dos índios Guarani (Nimuendaju, 1914) é legítimo supor que Uirá estivesse fazendo seus últimos esforços para alcançar a morada do herói-mítico.

O último capítulo é a viagem de volta pelo rio Pindaré e, já ao fim, diante do caminho de casa, o suicídio pela forma mais terrível aos olhos dos índios Urubu.

Contudo, Uirá sempre cumpriu o destino a que se propôs. Não podendo ir vivo ao encontro de Maíra, sempre foi, porque a morte também é caminho para ele.

Referências bibliográficas

EHRENREICH, Paul. Die Mythen und Legenden der Südamerikanischen Urvölker und ihre Beziehungen zu denen Nordamerikas und der Alten Welt. *Zeitschrift für Ethnologie.* Berlim, XXXVII, Supplement, 1905.

KOCH-GRÜNBERG, Theodor. *Zwei Jahre unter den Indianern:* Reisen in Nordwest--Brasilien *1903-1905.* Berlim, 1910.

MÉTRAUX, Alfred. Un Chapitre inédit du cosmographe André Thevet sur la géographie et l'ethnographie du Brésil. *Journal de la Société des Américanistes,* Paris, N. S. XXV, p. 31-40, 1931.

_____. Les hommes-dieux chez les Chiriguano et dans l'Amérique du Sud. *Revista del Instituto de Etnología de la Universidade Nacional de Tucumán.* Tucumán: Tomo 2, p. 61-91,1933.

_____. *A religião dos Tupinambá e suas relações com a das demais tribos tupi-guaranis.* São Paulo, 1950. (Coleção Brasiliana, v. 267).

NIMUENDAJU, Curt. Die Sagen von der Erschaffung und Vernichtung der Welt als Grundlagen der Religion der Apapocúva-Guaraní. *Zeitschrift für Ethnologie.* Tradução de F. W. Lommer, inédita. Berlim: 46, p. 284-403, 1914.

_____. Sagen der Tembé-Indianer (Pará und Maranhão). *Zeitschrift für Ethnologie.* Berlim: 47, p. 281-301, 1915. Tradução em: *Sociologia,* São Paulo, v. 8, n. 1 e 2, 1951.

SCHADEN, Egon. Aspectos fundamentais da cultura Guarani. *Boletim n. 188 da Faculdade de Filosofia, Ciências e Letras da Universidade de São Paulo. Antropologia,* n. 4, 1954.

_____. Ensaio etno-sociológico sobre a mitologia heroica de algumas tribos indígenas do Brasil. *Sociologia.* São Paulo, v. 7, n. 4, 1945.

THEVET, André. *Singularidades da França Antártica:* a que outros chamam de América. São Paulo, 1944. (Coleção Brasiliana, vol. 229).

_____. *Le Brésil et les Brésiliens.* Seleção de textos e notas de Suzanne Lussagnet, Paris, 1953.

Os índios Urubu[1]
Ciclo anual das atividades de subsistência de uma tribo da floresta tropical

O primeiro estudo etnológico dos índios Urubu foi apresentado ao XXV Congresso Internacional de Americanistas, em 1932, através de uma memória de Raimundo Lopes[2] em que expunha suas observações efetuadas dois anos antes junto àquela tribo. Então, esses índios contavam apenas dois anos de convívio pacífico com a civilização e ainda não tinham sido visitados em suas aldeias. Nessas circunstâncias as observações de Raimundo Lopes se limitaram ao que era possível estudar com os índios que visitavam os acampamentos de pacificação do Serviço de Proteção aos Índios.

Voltamos a tratar dessa mesma tribo neste XXXI Congresso Internacional de Americanistas com o propósito de noticiar um amplo programa de pesquisas e documentação etnológicas que está sendo levado a cabo junto dela pela Seção de Estudos do Serviço de Proteção aos Índios e de apresentar um quadro geral do seu ciclo anual de atividades ligadas à luta pela subsistência.

Os índios Urubu constituem a última tribo ainda relativamente numerosa representativa da cultura dos grupos Tupi que ocupavam a costa brasileira por ocasião da descoberta e que mais influíram na formação do povo brasileiro. Um estudo aprofundado de sua cultura pode-

---

1 Publicado em *Anais do XXXI Congresso Internacional de Americanistas* e reproduzido em *Boletim Geográfico*. XX n. 169, Rio de Janeiro, 1962.
2 LOPES, Raimundo. Os Tupis do Gurupy. In: *Actas del XXV Congresso Internacional de Americanistas*, La Plata, 1932, I, Buenos Aires, 1934, p. 139-171.

rá contribuir, por isso mesmo, para uma compreensão mais acurada de uma das matrizes fundamentais da sociedade brasileira.

Esse é o propósito da pesquisa em curso que visa estudar exaustivamente aquele grupo e documentar através do filme, da fotografia e de gravações sonoras os aspectos de sua vida suscetíveis desses tipos de registro.

Ao lado desses propósitos pretendemos focalizar especialmente o processo de aculturação e assimilação dos índios Urubu e os problemas por eles suscitados, num esforço de procurar novas e melhores formas de ação para a atividade assistencial do SPI.

Para levar à prática esse programa, dividimos a pesquisa de campo em três etapas combinadas, de modo a cobrir, sucessivamente, os doze meses do ano, a fim de observar as variantes do comportamento nas várias estações. A primeira etapa no campo teve início em dezembro de 1949 e se prolongou até março de 1950. Nessa viagem fizemo-nos acompanhar pelo linguista Max Boudin, encarregado de levantar e descrever a língua dos índios Urubu, e pelo cinematografista Heinz Forthmann, incumbido dos serviços de documentação.[3] A segunda viagem cobriu os meses de agosto a novembro de 1951. Nessa, participou um estudante de Oxford, Francis Huxley, que, a pedido da Escola de Sociologia e Política de S. Paulo, nos acompanhou com o propósito de colher material para uma tese de doutoramento.

O terceiro e último período de trabalho de campo deverá realizar-se futuramente, cobrindo o período de abril a agosto que falta para completar o ciclo anual.

Os índios Urubu falam um dialeto tupi do grupo hê, ou seja, dos que assim pronunciam a primeira pessoa pronominal. Segundo Curt Nimuendaju esse grupo compreende, além dos Urubu, os Tenetehara,

---

3   RIBEIRO, Darcy. Atividades científicas da Secção de Estudos do Serviço de Proteção aos Índios. *Sociologia*, São Paulo, v. 8, n. 4, out. 1951.

os Amanayé, os Turiwara, os Anambé e os Oiampí. Todas essas tribos, com exceção desta última que se deslocou do Xingu para o Oiapoque, têm seus territórios entre os vales do Tocantins e Pindaré, onde formavam um bloco de povos Tupi. Dessas várias tribos, os Turiwara são os que mais se aproximam linguisticamente dos Urubu. Curt Nimuendaju sugere mesmo a possibilidade de que "constituam divisões locais de um único povo".[4]

Vivem na orla oriental da floresta amazônica que se projeta para o Estado do Maranhão entre os rios Gurupi, a oeste, e Turiaçu, a este; o igarapé Jararaca, ao sul; e o Gurupiúna e Parauá, respectivamente, afluentes do Gurupi e do Turiaçu, ao norte. Dentro desse vasto território estão distribuídos em vinte e cinco grupos locais que variam de quinze a sessenta pessoas, localizadas invariavelmente junto de pequenos cursos d'água que, nascendo na Serra do Tiracambu, correm para aqueles rios.

Essa localização interior, longe dos grandes rios, deve ter sido o resultado de processos de competição ecológica com outros grupos e com os civilizados. Hoje, porém, ela é de eleição dos índios Urubu que, não sabendo construir embarcações nem tendo técnicas de pesca aplicáveis aos grandes rios, não poderiam viver à margem deles.

A história recordada desses índios indica que eles começaram a transpor o Gurupi para seu território atual acossados por extratores de produtos florestais na segunda metade do século passado. Uma genealogia de mil e duzentos nomes com os respectivos lugares de nascimento e morte que nos foi ditada por um índio Urubu permite a reconstrução passo a passo dessa migração do Acará ao Capim, daí ao Guamá, em seguida, ao Coracy, afluente da margem esquerda do Gurupi, depois ao Gurupiúna, já na margem direita, onde hoje se encontram.

---

4   NIMUENDAJU, Curt. The Turiwara and Aruã. *Handbook of South American Indians.* Washington, 1948. p. 193. v. 3.

Esses dados são confirmados por referências bibliográficas como Gustavo Dodt,[5] que subiu o Gurupi em 1872 e se refere aos índios Urubu como tribo isolada que vivia no lado paraense, entre as nascentes do Coracy e do Piriá, transpondo às vezes o Gurupi, mas raramente disparando flechas sobre viajantes ou casas. Arrojado Lisboa,[6] que subiu o Gurupi em 1895 e descreve-os vivendo no lado maranhense já como o flagelo da região por seus ataques que ameaçavam desalojar toda a população civilizada do vale.

Essas lutas prosseguiram até 1928, quando foram pacificados pelo Serviço de Proteção aos Índios. Desde então têm vivido em paz, mas isolados, só tendo contatos raros e circunstanciais com civilizados através do pessoal dos Postos Pedro Dantas e Felipe Camarão do SPI.

Os índios Urubu contam, pois, cerca de 25 anos de convívio pacífico com civilizados que já lhes custaram mais da metade da população, vitimada por doenças como a gripe, o sarampo, a coqueluche e outras que desconheciam antes. Mas, excetuando-se os efeitos dissociativos da população e certos sintomas de traumatização de alguns aspectos da cultura, eles conservam, no essencial, o sistema adaptativo tribal, ou seja, as técnicas e o saber tradicional através dos quais se relacionam com a natureza para tirar dela os artigos de que necessitam e cujo estudo é objeto desta comunicação.

O território tribal é coberto pela floresta típica das terras firmes da Amazônia, formada de árvores muito altas, mas geralmente finas, pouco espaçadas, relativamente pobres de cipós, lianas e da vegetação rasteira e espinhosa que tanto dificulta a marcha nas matas de terra alagadiça.

---

5   DODT, Gustavo. *Descripção dos Rios Paranahyba e Gurupy*. São Paulo: Companhia Editora Nacional, 1939. (Coleção Brasiliana, v. 138).

6   LISBOA, Miguel Arrojado. O Rio Gurupy e suas Minas de Ouro. *Boletim do Serviço de Fomento da Produção Mineral*. Rio de Janeiro, 1935.

O sistema de irrigação dessa região sofre tamanha variação estacional que numa mesma área se pode sofrer sede no verão, quando todos os cursos d'água estão coalhados ou secos, e defrontar-se com imensas dificuldades de travessia no período das enchentes, quando igarapés, antes apenas perceptíveis, enchem de tal modo que se torna possível navegar por eles.

É uma região pobre de caça. Pode-se andar grandes extensões, até mesmo dias, sem surpreender uma só peça de grande porte como antas, veados, porcos do mato ou onças. As grandes aves como o mutum são também raras; as menores, vivendo acima da cobertura verde, nas copas das árvores onde amadurecem os frutos de que se alimentam, raramente se fazem notar. Quase só ao amanhecer e ao anoitecer se impõe a presença da fauna pelos coros dos bandos de macacos, principalmente guariba, e pelo canto de certas aves.

A cultura dos índios Urubu é, em grande parte, uma adaptação especializada à vida nessa mata. A própria autodesignação tribal – Kaapor (moradores da mata, **silvícolas**) – talvez denuncie mais sua íntima identificação com a floresta que o sentido de uma oposição à gente que vive à margem dos rios ou nos cerrados. O certo é que a mata se inscreve em sua mitologia como um dos temas mais constantes e mais elaborados. Um dos feitos mais relevantes atribuído ao seu herói-civilizador foi a criação da floresta. De certas árvores foram feitos os homens das várias nações, e suas diferentes características são explicadas pelas diferenças de qualidades das madeiras de que provieram: os brancos e eles próprios de madeiras fortes, seus inimigos, Guajá, de madeira frouxa. Uma árvore transmudada em mulher foi a mãe do segundo personagem mitológico em importância, exatamente aquele que vincula o criador a seu povo, os Kaapor, por um interesse mais vivo pelo seu destino. É, ainda, pelas árvores que o criador fala à sua criação na alegoria que explica a perda da imortalidade.

Para sobreviver na mata os índios Urubu tiveram de recriá-la mentalmente, dar nomes às coisas, atribuir-lhes sentido, encontrar--lhes utilidade. De toda a infinidade de espécies que compõem a floresta amazônica eles selecionaram umas quantas, como os frutos alimentícios, as matérias-primas de seus artefatos, compreendendo desde madeiras para construir o arcabouço das casas ou simples arcos até cipós e enviras para amarrar e tecer, folhas e palmas para embalar ou trançar, resinas e látex para colar, fazer fogo ou defumar, e, ainda, tintas, venenos e muitos outros. Procurando relacionar somente as mais importantes, aquelas sem as quais sua vida não poderia permanecer tal qual é, identificamos mais de cinquenta plantas (vide relação na p. 52). E aí não está incluída a farmacopeia tribal, pois somente esta compreende 67 mesinhas diferentes que são pelo menos seu consolo para todos os males físicos que os afligem. E não é tudo, muitas outras espécies se impuseram à sua atenção por razões diferentes, como as plantas utilizadas na alimentação dos animais que caçam, as madeiras mais e menos apropriadas para queimar, armar abrigos provisórios e inúmeros outros usos, além daquelas que foram integradas em sua mitologia.

A mesma elaboração mental foi realizada em relação à fauna, esta também foi catalogada, recebeu nomes e significados. Elegeram algumas espécies para comer, cercaram outras de restrições e ainda proibiram completamente a utilização alimentar da maioria. Têm um profundo conhecimento dos hábitos não só das espécies de que se utilizam na alimentação ou para fabricação de adornos e artefatos, mas de quase toda a fauna regional.

Essa representação mental do ambiente, que além do revestimento florístico e da fauna compreende as várias classes de terras e pedras que têm importância em sua vida, é a ciência, o saber tradicional dos índios Urubu que os guia na luta diária pela sobrevivência.

Suas aldeias são pequenas clareiras abertas na mata imensa, cuja conservação exige vigilância e trabalho constante, pois, em poucos dias, sobretudo na estação de chuvas, toda a área duramente conquistada à floresta pode encher-se de mato. Cada aldeia conta com uma roça madura de que se estão servindo no momento, uma capoeira nova onde ainda contam com alguma mandioca de replanta, capoeiras velhas onde vão frequentemente colher certos produtos ali plantados e uma roça nova, mais distante, para onde a aldeia deverá transferir-se mais tarde. Essas mudanças se dão mais ou menos de cinco em cinco anos, e na escolha da área de mata a derrubar se pondera sempre a conveniência do lugar para localização da aldeia: a existência de fontes de água mais ou menos permanentes, ser lugar não muito atacado por insetos e haver largas faixas de mata apropriadas para lavoura que permitam permanecer alguns anos no mesmo sítio. Encontramos velhas capoeiras contíguas de tão grande extensão que, segundo nossos cálculos, foram ocupadas pelos índios durante cerca de 15 anos. Vários fatores culturais, independentemente dos ecológicos, influenciam nessas mudanças.

A distribuição das aldeias é arbitrária, algumas são vizinhas embora vivam independentes, outras distam vinte e até cinquenta quilômetros das mais próximas. Embora não haja qualquer ideia de propriedade sobre o território tribal ou de divisão dele entre os vários grupos locais, cada aldeia, na prática, cobre certa área em suas atividades de caça, coleta e pesca, de modo que raramente os caçadores de grupos locais diferentes se encontram na mata. Essa divisão natural do território tribal foi possibilitada pela sua extensão e imposta pela necessidade que enfrenta cada grupo de conhecer exaustivamente sua área para que as atividades econômicas sejam produtivas. Assim, cada índio conhece detalhadamente, numa larga extensão em volta de sua aldeia, todos os igarapés, aguadas permanentes frequentadas pelas caças, poços mais piscosos, concentrações de certas plantas como os açaizais, bacabais ou mesmo árvores isoladas de cujos frutos se servem eles próprios ou são procurados pelas caças. A troca informal de observações sobre essa área constitui um dos principais temas das conversas noturnas dos homens. Mantêm, desse modo, um controle permanente sobre a área de atividade, percebendo cada ocorrência que possa oferecer interesse: uma árvore que enflorou e está sendo procurada por certos pássaros, um poço que baixou o suficiente para uma tinguijada ou um barreiro que está sendo frequentado pelas caças.

A extensão dessa área de atividades varia naturalmente com o número de pessoas que integram o grupo local, uma vez que mais gente exige e permite a cobertura de maior área. Como não há qualquer pressão demográfica externa ou interna em jogo, suas dimensões são limitadas principalmente pela possibilidade de satisfazer as necessidades do grupo e a praticabilidade de cobri-la. Em geral não excedem em suas andanças uma distância maior do que podem percorrer de volta carregando a caça, os peixes e os frutos em um dia de marcha. Em certos períodos do ano é frequente a realização dessas andanças em grupos familiais que passam na mata dias e até semanas caçando, pescando e colhendo frutos para consumi-los ali mesmo, só regressando quando acaba o estoque de farinha que levaram. Então percorrem áreas muito maiores.

*

Para o exame do ciclo anual de atividades de subsistência dos índios Urubu contamos com dados de observação direta que cobrem os meses de setembro a março, faltando cobrir o período de abril a agosto, sobre o qual somente contamos com informações indiretas.

Na região habitada por esses índios se pode distinguir quatro períodos do ano funcionalmente importantes, conforme demonstra o Gráfico I, na p. 49. Um período de **chuvas** que vai de fevereiro a maio, em que os aguaceiros caem diariamente e muitas vezes se emendam por semanas a fio com poucas horas de interrupção. Nesses meses toda a mata está encharcada d'água, e as enchentes, o frio e a umidade obrigam os índios a permanecerem mais tempo em casa, junto aos braseiros.

Segue-se o tempo das **enchentes**, que, começando em maio, se prolonga até agosto, avolumando os igarapés, inundando os baixios e, por fim, ilhando os índios nos tesos de suas aldeias. Para onde quer que se movam se deparam com verdadeiros caudais a transpor, exigindo a construção de pinguelas ou pontes de cipós para o transporte de qualquer carga.

Em setembro os igarapés começam a baixar e em pouco tempo perdem toda a água, reduzindo-se a pequenos cursos d'água. É o **estio**, ou vazante, que se prolonga até novembro.

Chega então a **seca**, os igarapés já muito reduzidos vão secando, e mesmo rios como o Turiaçu e o Maracaçumé, em seus altos cursos, começam a coalhar formando poções isolados. No fim desse período as aguadas de que se servem as aldeias escasseiam tanto que mal dão para pubar a mandioca, e se tornam tão pestilentas que muitas vezes os índios se veem obrigados a cavar poços no leito seco à procura de água melhor para beber. Só com as primeiras enxurradas de fevereiro lava-se essa água impregnada de mandioca fermentada e dos venenos usados nas tinguijadas.

Coleta de frutos

A maioria dos frutos que tem importância alimentar para os índios Urubu amadurece de janeiro a abril. Na realidade é só nesse período que a floresta amazônica se apresenta dadivosa como nas descrições clássicas. De passo a passo encontram-se enormes árvores cobertas dos frutos mais variados como o caju, o bacuri, a maçaranduba, o piquiá, o cacau, o jenipapo, o cutiti, os cocos mucajá e outros. Um pouco mais tarde amadurecem o cupuaçu e o jaracatiá, que prolongam pobremente a estação das frutas (vide Gráfico I, na p. 49, e Relação, na p. 52).

Em todos os outros meses a mata é extremamente pobre de frutos; só se encontram algumas raras espécies, e todas de pequena importância alimentar como o guajará, o bacuri-panam e o jatobá. Mas exatamente nesse período a mata fornece duas variedades de cocos que são dos mais importantes produtos alimentícios: o açaí e a bacaba, que os índios consomem em grande quantidade em forma de maceração, geralmente em mistura com farinha.

Pescaria

O período do ano em que a pesca é mais produtiva e tem importância alimentar para os índios Urubu vai de setembro a abril (vide Gráfico II, na p. 50). Nos meses restantes os rios e igarapés estão demasiado cheios e com as águas muito turvas para que se possa pescar com as técnicas que conhecem.

Com a vazante começam as pescarias; a partir de setembro os índios estão sempre atentos para os poções a fim de verificar quando chega o tempo propício para uma tinguijada coletiva. Para isso, toda a aldeia se desloca para junto do poço, colhem nas matas os mais fortes timbós-de-cipó, vedam os pontos de escoamento com barragens de palmas trançadas e começam a esmagar as raízes citotóxicas. Inicia-se, assim, a estação das pescarias coletivas, cada uma das quais rende enormes quantidades de peixe de todas as variedades que eles conservam uma ou duas semanas no moquém sempre aceso. Essas reservas de peixes têm importância vital porque exatamente nesse período os homens se ocupam na derrubada de novas clareiras na mata para os roçados e vêm meses de penúria de alimentos proteicos.

À medida que os principais poços acessíveis vão sendo esgotados, passam aos menores, em que usam o timbu-sacaca cultivado em suas roças. Finalmente, lá para dezembro, as mulheres e crianças é que se ocupam das pescarias já pouco rendosas usando o cunambi, também cultivado, em todos os remansos dos igarapés mais próximos, sempre que falta alimento animal para dar gosto à farinha. Em janeiro, final-mente, mesmo esses poços estão quase esgotados, mas resta, ainda, o recurso de esgotar a água dos poços já explorados para colher os peixes que escaparam ou aquelas espécies que, vivendo no lodo, são mais difí-ceis de apanhar.

Em fevereiro volta a fartura de peixe com a piracema quando correm as primeiras enxurradas grandes pelas quais os igarapés reto-mam o fluxo permanente. Nessa ocasião pescam com flechas os gran-des peixes de escama como o dourado, o tucunaré, o pacu e outros que sobem os igarapés com o lombo à vista para a desova. Durante algum tempo mais, até fins de abril, enquanto as águas se mantêm limpas, é produtiva a pescaria de flechas, daí por diante esta mesma vai reduzindo-se até tornar-se impraticável com a chegada da estação das chuvas.

Caçadas

A caça obedece também a um ciclo estacional, se não tão rigida-mente diferenciado, pelo menos muito pronunciado quanto à sua pro-dutividade. Embora por motivos diversos, o ciclo de caça corresponde aproximadamente ao da pesca.

A caça começa a ser mais rendosa em setembro, com a vazante, porque, desde então, se conta com lugares mais ou menos marcados na extensão da mata onde encontrá-la: as aguadas. E, à medida que a vazante avança e rareiam as aguadas permanentes, ela vai se tornando mais fácil. É a primeira estação da caça de espera que se baseia no hábito que os animais têm de beber quase sempre nos mesmos pontos. Uma vez descobertos esses bebedouros que se denunciam aos olhos do índio pelos menores indícios, basta esperar que a anta, o veado ou qualquer animal que seja venha dessedentar-se.

Com as fortes bátegas de chuva que caem em dezembro torna-se possível a caça por rastejamento, porque no terreno amolecido as pegadas se imprimem mais fortemente, podendo ser seguidas com segurança em longas distâncias. Essas mesmas chuvas, porém, têm um efeito mais profundo sobre as caçadas; de um lado, porque vêm permitir o amadurecimento das frutas preferidas pela caça e, do outro, porque marcam o início da estação de chuvas que torna impraticável a espera nas aguadas, porquanto toda a mata vai aos poucos se inundando.

Começa, então, o período de espera nas fruteiras, que é tão produtivo quanto o das aguadas e se prolonga até abril. Daí por diante vão escasseando cada vez mais os alimentos de origem animal, pois as pescarias tornam-se impraticáveis e as caçadas são extremamente dificultadas pela enchente dos rios que estorva a marcha e pela falta de qualquer ponto de referência que permita encontrar os animais dispersos pela mata.

Raramente usam armadilhas, preferindo esperar a caça em pessoa no lugar onde julgam que ela possa surgir. Embora criem grande número de cachorros, praticamente eles só lhes prestam serviços na procura de jabutis, que é mais coleta do que caça, na busca de animais feridos que escaparam e na localização de tocas de caititus, pacas e cotias. Quando estão no rastro de um veado, anta ou outro animal de porte, tomam, muitas vezes, o cuidado de amarrá-los para evitar que espantem a caça e sequem sozinhos, confiantes em seus próprios recursos.

A caça aos pássaros para obtenção das penas com que fabricam seus magníficos adornos plumários constitui atividade constante e das mais exaustivas. Com esse objetivo estão sempre vigilantes para as árvores de cujas flores ou frutos as espécies mais reputadas se alimentam, a fim de apanhá-los. A importância dos adornos plumários em certos cerimoniais, além do prestígio de que desfrutam aqueles que possuem peças mais elaboradas, são os motores dessa atividade passarinheira que consome longos dias de trabalho de todos os homens. Os esforços para obter certas espécies como **owí-meên**, uma cotinga (*Cotinga cayana*, L.) em que predomina o azul-claro, usada em diversos adornos, são responsáveis pelo maior número de acidentes que constatamos. Soubemos de alguns casos fatais e conhecemos dois homens inutilizados por quedas de árvores ocorridas nessa busca de penas raras.

Lavoura

A derrubada da mata para o cultivo constitui a tarefa mais extenuante que enfrentam os índios Urubu, agravada, ainda, pela circunstância de que se processa de setembro a novembro, quando começam a sair da quadra de maior penúria alimentar. É também a atividade de rendimento menos imediato, uma vez que só dará frutos um ano após o plantio. Mas, por outro lado, tem a importância excepcional de constituir sua única reserva de alimentos disponível em qualquer tempo.

Os índios Urubu cultivam vinte e oito plantas diferentes (vide relação na p. 52), a maioria delas destinada à alimentação. Mais de 80% da área de seus roçados, entretanto, é destinada à mandioca, que constitui a base de sua alimentação. É consumida principalmente como farinha fermentada que ingerem na forma de farofa com carne ou peixe e de **chibé**, bebida que consiste simplesmente de farinha suspensa em água. Preparam-na lavando a farinha em várias águas até que perca todas as partículas lenhosas e deixando entumecer um pouco, sem, contudo, dissolver-se. Sempre que possível eles temperam o **chibé** com frutas em maceração, formando um mingau. Esse é o modo mais comum de comerem frutas, principalmente banana, bacuri e os cocos açaí e bacaba.

Além de algumas variedades de mandioca venenosa usadas no fabrico da farinha, cauim e beijus, cultivam o aipim e uma mandioca de raízes grandes e aquosas (maniaká) usada para fazer um mingau adocicado por redução do sumo ralado e coado. Entre as eiras do mandiocal cultivam batata-doce e cará em quantidades ponderáveis, mas que não chegam para o consumo durante todo o ano.[7]

O milho é também plantado assim, mas em pequenas quantidades. Somente o consomem ainda mole, cozido, assado ou em mingau; cultivam uma variedade que dá pipocas. Em seus roçados encontram-se, ainda, algumas variedades de fava, amendoim, melancia, jerimum, maxixe e pimenta. Nas capoeiras frutifica o mamão, o caju, o ananás, a banana e certas árvores como a cuieira e o urucu e canas para flechas. Plantam, ainda, perto das casas para colher mais facilmente o tabaco, cabaças, algodão e curauá para tecelagem e cordaria, **cunambi** e timbó-sacaca para tinguijadas, contas-de-santa-maria e uma outra variedade a que chamam **auay** para o fabrico de colares e **piripirioca**, uma gramínea cujas raízes aromáticas usam nos colares como preventivo de certas doenças.

Encontramos também em suas roças algumas touceiras de cana-de-açúcar e, nas capoeiras, alguns limoeiros cujas mudas e sementes os índios obtiveram antes da pacificação, mas em tempos que ainda recordam.

A lavoura fornece aos índios Urubu as quantidades mais substanciais de alimentos que consomem. Seus produtos são especialmente

---

7   Segundo informação cultivam também o mangarito (*Xanthosoma sagittifolium*).

importantes no período de maio a agosto, quando dependem quase exclusivamente deles por se encontrarem ilhados pelas enchentes e não contarem com suprimentos regulares de caça, pesca ou coleta. Constitui, pois, no sistema adaptativo dos índios Urubu, um mecanismo de estabilização das condições de vida em face das variações estacionais da floresta tropical. A roça é o depósito da aldeia para o qual se voltam sempre que necessário. A mandioca, seu principal produto cultivado, presta-se particularmente a esse objetivo porque não exige nenhuma técnica de preservação ou estocagem, conserva-se na própria roça como reserva sempre disponível para transformar-se em farinha e garantir a subsistência.

Outras atividades estacionais

No ciclo anual de atividades são também remarcáveis as quadras de festas e de expedições. As primeiras coincidem com o período de amadurecimento do caju cultivado (outubro a dezembro) e selvagem (janeiro a março) que fornecem o cauim preferido. Embora utilizem também a mandioca e a banana no preparo dessas bebidas fermentadas, fazem recair as cauinagens quase sempre nesse período.

Pela mesma razão esse é o período das expedições, tanto das antigas correrias guerreiras como das simples expedições de pesca ou visitações de aldeia em aldeia. Especialmente nos meses de novembro a janeiro, quando, terminado o preparo dos roçados, a mata ainda está seca, facilitando a marcha e apresentando um grande número de aguadas e poções nos quais é quase certo encontrar farta caça e pesca.

O estudo do ciclo anual das atividades de subsistência dos índios Urubu revela grandes variações estacionais, permitindo distinguir nitidamente um período de grande **fartura**, que vai de dezembro a março, quando a mata é mais rica de frutos e as caçadas e pescarias são mais produtivas, e um período de verdadeira penúria. Este se prolonga de maio a agosto, quando dependem quase exclusivamente dos produtos cultivados para a alimentação, padecendo verdadeira carência de alimentos de origem animal.

A quadra de **fartura** coincide, obviamente, com o período de festas e de atividades sociais mais intensas. Na de **penúria** o grupo local está voltado sobre si mesmo, são mais intensas as atividades artesanais, os homens ficam mais tempo em casa ocupados na confecção de adornos plumários, armas e outros artefatos.

As variações das condições de vida nesses dois períodos são tão pronunciadas que um estudo do sistema adaptativo dos índios Urubu baseado na observação de um só deles daria uma ideia completamente deformada: ou uma visão quase idílica das riquezas da mata amazônica como **hábitat** humano ou o oposto, a ideia de um povo que padece das mais duras condições de vida, dividindo, como vimos fazer, entre vinte ou o dobro de pessoas um pequeno peixe socado em tanta farinha que em cada porção mal se percebe um longínquo sabor.

A análise da sucessão temporal e das relações recíprocas das atividades de subsistência permitiu enquadrá-la em períodos bem diferenciados, revelando toda a relevância das variações estacionais na floresta tropical.

Dentro desse enquadramento temporal é que o equipamento de ação sobre a natureza pode ser compreendido em seu verdadeiro sentido de ajustamento às variantes estacionais, que preenche as condições de sobrevivência dos índios Urubu. As diferentes técnicas de caça, de pesca e de coleta, bem como a lavoura, devem ser compreendidas não como alternativas culturais livres, mas como um verdadeiro sistema adaptativo congruentemente relacionado com as condições naturais da floresta tropical.

GRÁFICO I

CICLO ANUAL DAS ATIVIDADES DE COLETA DE FRUTAS SILVESTRES

Espécie	Chuva							Estio				
	Jan.	Fev.	Mar.	Abr.	Mai.	Jun.	Jul.	Ago.	Set.	Out.	Nov.	Dez.
Caju	*	*	*	*								
Bacuri	*	*	*	*								
Maçaranduba	*	*	*	*								
Piquiá	*	*	*	*								
Cacau	*	*	*	*								
Mucajá	*	*	*	*								
Sapucaia	*	*	*	*								
Cutiti	*	*	*	*								
Jenipapo	*	*	*	*								
Cupuaçu	*	*	*	*	*							
Jaracatiá				*	*	*						
Bacaba	*	*	*	*								*
Açaí	*							*	*	*	*	*
Guajará								*	*	*	*	*
Bacuri-Panan	*									*	*	*
Jatobá								*	*	*	*	*

GRÁFICO II

SUCESSÃO DAS ATIVIDADES DE COLETA, CAÇA, PESCA E LAVOURA DOS ÍNDIOS URUBU

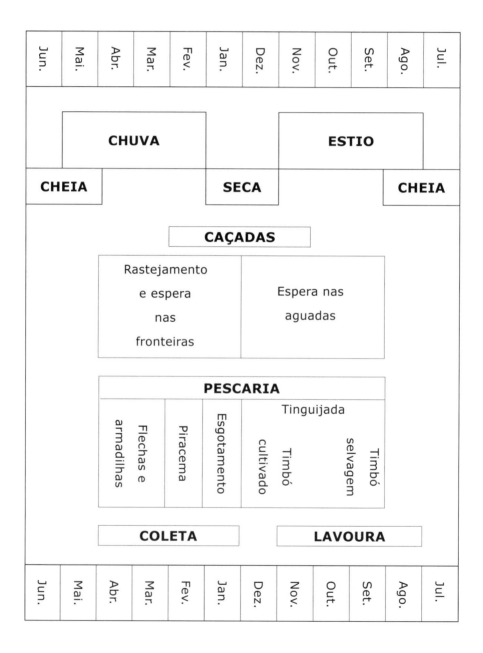

GRÁFICO III

ATIVIDADES DE SUBSISTÊNCIA DOS ÍNDIOS URUBU EM SUA SUCESSÃO TEMPORAL E SUAS RELAÇÕES RECÍPROCAS

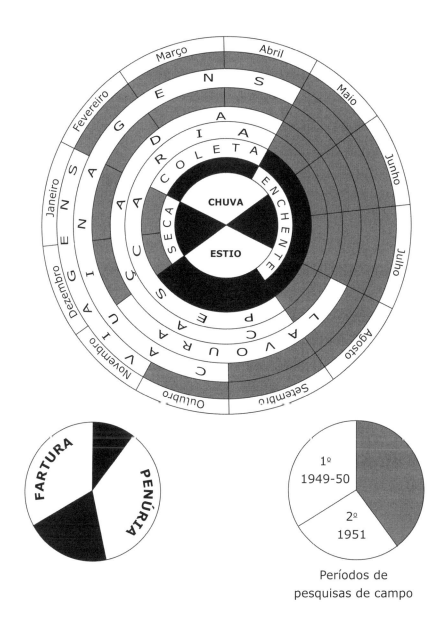

Períodos de pesquisas de campo

Relação das plantas cultivadas

1 – Mandioca – *Manihot utilissima*

   a)   manisé, manipuku (comprida), manipihun (preta), manituire (branca), manitawá (amarela), manipirang (vermelha), manimembek (mole) – todas venenosas, usadas para o fabrico de farinha, cauim e beijus.

   b)   maniaká – raízes muito grandes e aquosas, utilizadas para fazer um mingau doce pelo cozimento do sumo obtido ralando-se a mandioca e passando na peneira.

   c)   macaxeira – mandioca doce ou aipim, comem cozida ou assada.

2 – Batata-doce – *Ipomoea batatas*

Distinguem três variedades denominadas:

   a)   itimarú

   b)   ititawá (amarela)

   c)   itipihun (preta) – consomem cozidas, assadas ou em mingaus.

3 – Cará – *Dioscorea* sp.

   a)   karapihun (preta)

   b)   karapéu (chato)

   c)   karapukú (comprida)

   d)   karauhú (grande) – consomem cozido, assado ou em mingaus, que é a forma preferida.

4 – Milho – *Zea mays*

Duas variedades: uma para cozinhar e assar (apenas amadurecido), outra para pipocas.

5 – Favas – *Phaseolus* sp.

Cultivam três variedades, designando-as: kamandápiuim (pintado), kamandápirang (vermelho), kamandáuhú (grande).

6 – Amendoim – *Arachis hypogaea*

Manduy – secam ao sol, socam e consomem com farinha.

7 – Melancia – *Cucurbita citrullus*

Duas variedades designadas como koraxípihun e koraxiuhú; uma amadurece no período das chuvas, outra, no estio.

8 – Abóbora – *Cucurbita moschata*

(lurumun)

9 – Maxixe – *Cucumis anguria*

10 – Mamão – *Carica papaya*

11 – Caju – *Anacardium occidentale*

Cultivam uma variedade e colhem a silvestre.

12 – Ananás – *Ananas sativus, pyramidalis*

13 – Pimenta – *Capsium annuum*

14 – Bananas – *Musa paradisiaca, musa sapientum*

    a)   Pakohú (comprida)

    b)   Pakotawá (amarela)

    c)   Pakokatumé (?)

15 – Tabaco – *Nicotiana tabacum*

16 – Algodão – *Gossypium* sp.

17 – Curauá – *Ananas sativum*

Crawá, crawaowy (verde), crawapirang (vermelho), plantado junto das casas para a utilização da fibra.

18 – Cabaças – *Lagenaria vulgaris*

Jamarú plantada na roça, em ramas, da casca do fruto fazem vasilhames para carregar água. E uma variedade pequena para adorno.

19 – Cuia – *Crescentia cujete*

Kuirea – árvores plantadas nas proximidades da aldeia; utilizam a casca da fruta para vasilhame.

20 – Urucu – *Bixa orellana*

Também plantada perto da aldeia, cresce nas velhas capoeiras.

21 – Cana para flechas – *Gynerium parviflorum*

Caniços sem nós são plantados nas roças, crescendo nas velhas capoeiras, donde se suprem para o fabrico das flechas.

22 – Cunambi – *lchthyothera cunabi*, Mart.[8]

As folhas socadas são utilizadas para tontear peixes em pequenos poços perto da aldeia.

23 – Timbó-sacaca – *Tephrosia toxicaria*

Deste utilizam as raízes, que são altamente tóxicas, podendo ser utilizadas em poços maiores.

24 – Contas-de-santa-maria – *Allamanda cathartica*

Puirisá – utilizadas no fabrico de colares e outros adornos.

25 – ....(?)

Auay – outra variedade de contas para o mesmo uso.

26 – Piripirioca – *Killingia* sp. (Ciperáceas)

Pipiriwá – piri cujas raízes aromáticas são utilizadas para a fabricação de colares aos quais atribuem o poder de evitar doenças.

27 – Antes da pacificação, mas em tempos que ainda recordam, trouxeram mudas de cana-de-açúcar e sementes de limão das moradias de civilizados com que estavam em guerra, para plantar em seus roçados e capoeiras.

---

8   Também pode ser *Phyllanthus conami*, Aubl. ou *Conami brasiliensis*, Aubl.

Principais produtos de coleta

Frutas comestíveis

1 – Caju – *Anacardium gigantem*

2 – Bacuri – *Platonia insignis*

3 – Maçaranduba – *Mimusops excelsa*

4 – Piquiá – *Caryocar villosum*

5 – Cacau – *Theobroma cacao*

6 – Cutiti – *Lucuma macrocarpa*

7 – Cupuaçu – *Theobroma grandiflorum*

8 – Jaracatiá – *Jaracatia dodecaphylla*

9 – Mucajá – *Acrocomia sclerocarpa*

10 – Bacaba – *Oenocarpus bacaba*

11 – Açaí – *Euterpe oleracea*

12 – Guajará – *Chrysophyllum excelsum*

13 – Bacuri-panam – (?)

14 – Ingá – *Inga* sp.

15 – Jenipapo – *Genipa americana*

16 – Jatobá – *Hymenaea courbaril*

17 – Castanha sapucaia – *Lecythis paraensis*

Cipós e enviras

18 – Cipó-titica – *Heteropsis aff.*

Para trançar peneiras, amarrar vigas nas casas etc.

19 – Timbó-açu (cipó-uhu) – *Philodendron imbe*

Com o cipó fazem trançados, jamaxins etc.; usam a casca para adornar e reforçar os arcos e outros artefatos.

20 – Guarumá – *Ischnosiphon arouma*

A casca da haste é usada para trançar tipitis, peneiras, esteiras etc.

21 – Envira branca (auang-kiway) – *Xylopia grandiflora*

Usada para fazer cordas rústicas, alça de jamaxim (cestos para carregar carga).

22 – Envira de caçador (iaxy-âmí) – *Xylopia* sp.

O mesmo uso da anterior.

23 – Tauarí – *Couratari tauari*

Usam a entrecasca para enrolar cigarros.

Folhas e palmas

24 – Garumá – *Ischnosiphon arouma*

É a folha preferida para embalar desde farinha no jamaxim até para moquecas.

25 – Ubim, palm. – *Geonoma paniculigera*

Para cobertura das casas e embalagem quando falta guarumá.

26 – Bacaba, palm. – *Oenocarpus bacaba*

Cobertura da cumieira das casas, abrigos provisórios de caça, para trançar esteiras e aperos (jamaxim rústico) para transporte de frutos ou caças, ou esteiras.

27 – Açaí, palm. – *Euterpe oleracea*

Cobertura de abrigos provisórios, para trançar aperos para transporte, fazer barragens em igarapés e esgotar poços para pesca.

28 – Inajá, palm. – *Maximiliana regia*

Trançar abanos e na cobertura da casa, entremeado com ubim.

29 – Mumbaca, palm. – *Astrocaryum mumbaca*

30 – Marajá, palm. – *Bactris maraja*

Ambas para embalagem.

Madeiras

31 – Açaí, palm. – *Euterpe oleracea*
Vigas e ripas das casas.

32 – Broca – (?)
Esteios das casas.

33 – Ateribá – *Eschweilera* sp.
Cumieira das casas.

34 – Cedro – *Cedrela* sp.
No fabrico de businas, tambores e caixas para guardar adornos plumários (patuá).

35 – Pau-de-arco – *Tecoma* sp.
Arcos, tacapes, estacas de cavar.

36 – Muirapiranga – *Brosimum paraense*
Arcos e pontas de flechas.

37 – Muirapinima – *Brosimum guianense*
Idem.

38 – Andiroba – *Carapa guianensis*
Usam a sapopema para fazer pás ou rolos de virar farinha no forno.

39 – Sapucaia – *Lecythis* sp.
O cerne apodrece facilmente, deixando enormes tubos que os índios partem ao meio para usar como cochos na casa de farinha.

40 – Copiúba – *Goupia* sp. (Celastráceas)
Idem.

41 – Envira – *Xylopia* sp.
No fabrico de pilões.

42 – Macuco – *Licania* sp.
Mão de pilão.

43 – Taquiperana – (?)

Idem.

44 – Paxiuba, palm. – *Iriartea exorrhiza*

A raiz espinhosa é utilizada como ralador para mandioca.

45 – Taquaruçu – *Guadua superba*

Lâminas das flechas para grande caça e guerra; buzinas e estojos para conservação de penas caudais de arara.

46 – Pé-de-galinha – (?)

Espeto para assados, moquéns e engaste terminal das flechas.

47 – Caingá – (?)

Intermediário que prende a lâmina de metal ou de bambu ao caniço da flecha.

Resinas, látex, óleo e outros

48 – Maçaranduba – *Mimusops excelsa*

O látex é usado na confecção dos adornos plumários (placas).

49 – Breu-preto (iraity-bik) – *Protium* sp.

Principal componente do cerol – pães de massa negra brilhante feitos com breu-preto, breu-branco e látex de maçaranduba. Aquecidos, derretem e formam uma cola para madeira e para prender os fios e talas que envolvem várias partes das flechas e de outros artefatos.

50 – Breu-branco – *Protium* sp.

Para tochas de iluminação, como combustível para ajudar a acender fogo em tempo chuvoso; entra também na composição do cerol.

51 – Almácega – *Protium* sp.

Defumação contra insetos, para certas doenças e como tempero do tabaco.

52 – Jutaicica – *Hymenaea courbaril*

(Resina de jatobá) – usada para vitrificar as bordas e a parte externa das peças de cerâmica.

53 – Copaíba – *Copaifera reticulata*

O óleo é misturado com urucu para fazer uma pasta em que conserva a tinta – usada na pintura de corpo.

54 – Lacre – *Vismia latifolia*

Usada no fabrico de pães de urucu, para pintura de corpo e de artefatos.

55 – Timbó – *Londiocarpus* sp.

Como veneno para pescarias, durante o verão nos poços maiores.

56 – Jenipapo – *Genipa americana*

O suco do fruto verde, depois de aquecido, dá uma tinta negro-azulada usada na pintura de corpo.

57 – Macuco – *Licania* sp.

A casca é usada em infusão para pintar de preto o interior das cuias.

58 – Caraipé – *Licania scabra*

As cinzas das cascas são misturadas ao barro para dar tempero à cerâmica.

59 – Tucum, palm. – *Astrocaryum* sp.

O coco é intercalado no corpo das flechas de guerra para fazê-las assobiar quando em voo. Usam-no, também, no fabrico de anéis e penduricalhos femininos.

Farmacopeia

A flora e a fauna fornecem aos índios Urubu um grande número de medicamentos; registramos 67 diferentes, a maioria de origem vegetal.

Aproveitamento da fauna regional na alimentação

Mamíferos

Monos

Comem apenas o guariba, o macaco preto e o coatá, estes mesmos com algumas restrições.

Carnívoros

Comem apenas o coati, obedecendo, porém, a uma série de restrições e cuidados mágicos. Caçam onças e maracajás a fim de tirar as presas para o fabrico de colares quando não têm filhos, sobrinhos ou netos amamentando.

Roedores

Comem sem restrições a paca, a cotia e o quatipuru; não comem a capivara.

Perissodáctilos

Comem sem restrições a anta, a queixada e o caititu, que são os únicos representantes.

Ruminantes

Comem todos os veados, mas o vermelho (*Mazama americana*) constitui a caça mais cercada de cuidados mágico-religiosos, que preveem desde a forma de conduzi-los através da mata, o modo de carnear, de introduzir na aldeia até o preparo para consumo.

Desdentados

Não comem nenhum e evitam matá-los. Os representantes são a preguiça, o tatu e o tamanduá.

Marsupiais

O único representante é a mucura, que eles não comem.

Répteis

Quelônios

O jabuti-branco constitui a carne preferida, sendo recomendado como dieta para o homem em couvade e para as mulheres em resguardo ou menstruação.

O jabuti-vermelho, o campinima e os quelônios aquáticos são considerados indigestos e perigosos, especialmente para jovens e para pessoas nas situações acima referidas.

Sáurios

Distinguem duas variedades de jacarés que designam como **branco** e **preto**; só comem o segundo.

Batráquios

Comem apenas a gia (*Leptodactylus* sp.), mas obedecendo a várias restrições.

Aves

Rapaces

Matam ocasionalmente gaviões para tirar as penas, mas não comem nenhum deles.

Trepadoras

Comem araras, papagaios e periquitos, com restrição apenas quanto à forma de preparar.

Galináccas

Comem o mutum-fava sem restrições; o pinima só pode ser comido à noite e cozido.

Os galináceos que exigem maiores cuidados para o consumo são os jacus, que só podem ser comidos à noite e cozidos, obedecendo-se a certas prescrições. Comem os urus sem qualquer restrição.

Tinamiformes

Comem os inhambus com restrições quanto ao modo de preparar.

Columbiformes

Comem as pombas sem qualquer restrição.

Pernaltas

Comem apenas o jacamim, que constitui, aliás, a ave mais cercada de cuidados mágico-religiosos. Não podem entrar na aldeia durante o dia, nem ser caçadas por quem tenha filhos ou parentes próximos ainda sem nome.

Palmípedes

Comem os patos, sem restrições.

Pássaros

A caçada aos pássaros constitui para os índios Urubu atividade constante e exaustiva, principalmente nos meses de janeiro a abril, quando amadurece a maioria das frutas. Mas só ocasionalmente se servem deles como alimento; o objetivo é coletar penas para adornos. Em sua confecção utilizam penas selecionadas de dezessete pássaros diferentes.

Insetos

Formigas

Comem as tanajuras de saúva (içá), que voam de outubro a dezembro por ocasião da postura. Seus abdômens cheios de ovos, torrados, constituem um petisco cobiçado especialmente por velhas e crianças.

Cabas

Comem o mel das cabas, denominadas **inchus**.

Abelhas

Utilizam o mel das diversas espécies de abelhas da região, consumindo-o juntamente com as larvas e a samora.

Peixes

Peixes de couro

O pintado ou surubim constitui sua maior presa de pesca. É obtido nas tinguijadas coletivas em que apanham grandes quantidades desse peixe e de bagres, jandiás, mandis, que são mais comuns. O consumo de alguns deles obedece a severas prescrições.

Peixes de escama

Os grandes peixes de escama, como o dourado, o tucunaré, o matrinchão e o pacu, são pescados principalmente na piracema com flechas. Os demais, como o curimatá, acará, piranha, traíra e piau, são pratos comuns em sua dieta na estação de pesca.

Peixes cascudos

Comem os cascudos no fim da estação, quando faltam outros peixes, esgotando os poços para tirá-los do lodo.

Sistema familial Kadiwéu[1]

Os Kadiwéu constituem um dos poucos grupos remanescentes das tribos da língua Guaikuru que até o fim do século XVIII dominavam grandes extensões do Chaco, representando o maior obstáculo à expansão da civilização europeia e mantendo sob constante ameaça os estabelecimentos espanhóis do Paraguai e as vias de acesso das monções paulistas a Cuiabá. Vivem atualmente em uma reserva no sul de Mato Grosso doada pelo Governo Estadual em 1903 e administrada intermitentemente pelo Serviço de Proteção aos Índios desde 1928, que se estende da Serra da Bodoquena ao rio Paraguai, entre os rios Aquidavão, Neutaka e Nabileque, formando um triângulo de, aproximadamente, 100 léguas quadradas de pastagens e matas.

Os Kadiwéu começaram a fixar-se definitivamente à margem esquerda do rio Paraguai no começo do século XIX, quando iniciaram o convívio pacífico com os brancos, que só se consolidou um século depois com a cessação total da vida guerreira e a acomodação, que ainda se processa, aos meios de luta pela subsistência aprovados pelos dominadores brancos. Hoje, embora vestidos como os vizinhos neo-brasileiros, pastoreando o gado, caçando e curtindo couros com os mesmos métodos destes, conservam ainda muitas das características do povo senhorial os célebres índios cavaleiros que dominaram quase todas as tribos chaquenhas, submetendo muitas delas à servidão.

---

[1] Este artigo é baseado em dados colhidos numa pesquisa realizada pelo autor nos dois últimos meses de 1947 entre os Kadiwéu, como parte do plano de trabalhos da Seção de Estudos do Serviço de Proteção aos Índios. Foi publicado originalmente em: *Revista do Museu Paulista*, São Paulo, Nova Série, v. 2, 1948.

Por ocasião de nossa visita, a população era de 235 pessoas, assim distribuídas: 94 junto ao P. I. Presidente Alves de Barros, na raiz da Serra Bodoquena, a 60 quilômetros de Coronel Juvêncio, estação da E. F. Noroeste do Brasil; 66 pessoas nas imediações do Posto de Criação Pitoco, que dista 24 quilômetros do primeiro; 11 pessoas em Limoeiro, residência isolada do líder religioso de maior prestígio, a 20 quilômetros de Pitoco; e 31 pessoas em Tomásia, comunidade mais isolada, a 54 quilômetros de Pitoco. Vinte e seis Kadiwéu estavam então fora da reserva, trabalhando na Fazenda Francesa e na estação de Carandazal, da E. F. N. O. B. Moram na reserva, fora dos agrupamentos Kadiwéu, cinco famílias Terena, compreendendo 28 pessoas.

No presente artigo procuraremos descrever o sistema familial Kadiwéu tal como o vimos funcionando; fugimos deliberadamente a uma abordagem diacrônica, indispensável para explicar a realidade cultural presente dos Kadiwéu, em virtude da exiguidade de nossa permanência entre eles, que não permitiu colher dados suficientes sobre muitos aspectos do sistema familial, e porque os vários relatos antigos sobre grupos Guaikuru, escritos por missionários, militares e viajantes,[2] muito ricos de informações sobre outros assuntos, são lamentavelmente pobres sobre o que focalizamos. Por essas razões nos limitaremos a uma simples descrição desse sistema familial, em suas principais conexões com a organização social e a configuração cultural presentes.

---

2   As principais fontes de informações sobre os antigos Guaikuru são as seguintes: DOBRIZ-HOFFER, Martin (1750-1762). *História de Abiponibus equestri, bellicosaque Paraquarie Natione*. Viena, 1784; LABRADOR, José Sanchez (1760-1767). *El Paraguay Católico*. Buenos Aires, 1910-1917; PRADO, Francisco Rodrigues do (1795). História dos índios cavaleiros ou da nação Guaicuru. *Revista do Instituto Histórico e Geográfico Brasileiro*. v. 1, 2. ed, p. 25-57, 1856; SERRA, Ricardo Franco de Almeida (1803). Parecer sobre o aldeamento dos índios Uaicurus e Guanás. *Revista do Instituto Histórico e Geográfico Brasileiro*. v. 7, 1845. p. 196-208. v. 13, 2. ed., 1872. p. 348-395; AZARA, Felix de (1781-1801). *Voyage dans l'Amerique Méridionale*. Paris, 1809; BOGGIANI, Guido (1892 e 1897). *Os Caduveo*. São Paulo, 1945.

Grupos residenciais

A mais importante unidade funcional na sociedade Kadiwéu é o grupo residencial, isto é, o núcleo de indivíduos biológica ou socialmente relacionados, que residem na mesma casa. O grupo residencial funciona como uma unidade cooperativa com alto grau de solidariedade interna. É o centro das atividades econômicas; as mulheres trabalham juntas auxiliando-se umas às outras nas atividades domésticas, na coleta de alimentos silvestres e cultivados e na manufatura de artefatos; os homens, embora sem fazer uma estrita divisão de trabalho, dedicam-se cada um, segundo seu gosto e aptidões, com maior entusiasmo, à coleta e caça, ao pastoreio do gado ou à lavoura, dividindo com os outros os produtos de suas atividades.

Conforme os resultados do recenseamento que realizamos dos 27 grupos residenciais da reserva, 23 estão localizados próximos uns dos outros, em três aldeias, e os quatro restantes estão isolados, formando cada qual uma unidade independente. A análise desses grupos quanto às inter-relações dos membros de cada um revela os seguintes tipos de associação familial: A – famílias conjugais, compreendendo um casal com seus filhos e, às vezes, um parente próximo de um dos cônjuges; B – famílias consanguíneas que integram um grupo de indivíduos biologicamente aparentados, geralmente irmãs, seus cônjuges e filhos; C – grupos de casais socialmente relacionados por laços de servidão entre um membro de um casal e outros indivíduos do grupo, ou por inter-casamentos que levaram à fixação das famílias dos dois cônjuges na mesma residência. O Quadro I mostra a distribuição desses tipos de associação familial nos agrupamentos residenciais e o número de casais e pessoas que engloba cada tipo nas três principais comunidades e nas quatro isoladas.

QUADRO I – GRUPOS RESIDENCIAIS[3]

Tipo de associação familial	RESIDÊNCIAS					CASAIS	PESSOAS
	P. Alves	Pitoco	Tomásia	Grupos isolados[4]	TOTAL		
Conjugal	5	1	1	2	9	9	39
Consanguíneo	5	3	1	3	12	23	104
Inter-casamentos	2	–	1	–	3	9	43
Servidão	2	–	1	–	3	5	22
TOTAIS	14	4	4	5	27	46	208

Esses dados evidenciam a predominância de grupos residenciais de famílias consanguíneas sobre os outros tipos, em relação ao número de pessoas e casais que englobam, e a frequência com que ocorrem nas várias comunidades. Seguem-se em importância os grupos de associação socialmente determinada; entre esses, os relacionados por intercasamento são mais instáveis, pois todos os casos são tidos como arranjos provisórios para enfrentar dificuldades de momento, devendo as famílias componentes desmembrarem-se mais tarde; os relacionados por servidão tiveram até há poucos anos uma importância muito maior, tendo-se desfeito muitos deles pelo desligamento dos componentes servos que se estabeleceram como famílias conjugais junto aos postos. Os grupos conjugais aparecem no quadro como mais relevantes do que são na realidade; estudando a constituição de cada um deles, constata-se que, dos cinco assinalados em Presidente Alves, dois estabeleceram-se

---

3   Não estão incluídas três famílias que se encontravam fora da reserva e um homem que vive sozinho.

4   Compreende os grupos de Jatobá (2 casais, 7 pessoas), Curicaca (3 casais, 10 pessoas), Morrinho (3 casais, 11 pessoas) e Limoeiro (3 casais, 11 pessoas).

ali recentemente, depois de se desmembrarem de grupos em que tinham status de servos; o grupo de Pitoco constituiu-se de forma excepcional: o marido comprou a esposa que era serva e estabeleceu-se com ela. Os assinalados em Tomásia e nos grupos isolados, embora vivendo em residências próprias, estão separados apenas por alguns metros da residência da família da esposa com a qual seus integrantes funcionam como uma unidade econômica.

Deve-se consignar ainda as perturbações ocasionadas pela presença de uma administração oficial estranha ao grupo, sobre a organização social, afetando também o sistema familial Kadiwéu. Em grande parte, as concentrações relativamente grandes nas imediações dos postos se devem às possibilidades de trabalho e assistência que os postos asseguram, fazendo-os mais ou menos independentes das exigências de uma economia baseada na caça, na coleta e no pastoreio, que demanda grandes áreas para cada família e um número de membros maior do que o comum nas famílias conjugais; indica bem essa correlação o fato da maioria dos grupos conjugais estarem junto aos postos.

Casamento e separação

Segundo informações que obtivemos de diversos Kadiwéu, homens e mulheres, as moças podem casar-se logo depois da festa de iniciação, celebrada após a primeira menstruação, e os rapazes "quando acham uma mulher". Nossas observações confirmam essas informações. A mais jovem esposa que conhecemos tinha 16 anos e casara-se dois anos antes, e o marido mais novo tinha 18, sendo seu caso excepcional, como veremos. Os dados do recenseamento que realizamos em dezembro de 1947 revelam que o limite comum de idade para o primeiro casamento do homem é de 20 anos e o da mulher, antes dos 16, porque, dos 18 homens entre 16 e 20 anos de idade, 14 nunca casaram, enquanto que, das mulheres maiores de 15 anos, apenas uma nunca casou e todos os indivíduos de mais de 25 anos já se casaram ao menos uma vez. Esses dados revelam ainda que as mulheres casam-se pela primeira vez com homens pelo menos cinco anos mais velhos que elas. A desproporção do número de homens para o de mulheres – solteiros ou separados – de menos de 40 anos – 24 homens para 9 mulheres – deve ser um dos fatores do retardamento do limite de idade para o casamento do homem, em relação ao da mulher, pois torna mais intensa a competição para conseguir uma esposa.

O casamento pode vir mais cedo, quando os pais o contratam. Nesses casos, duas pessoas podem ser tidas como casadas por um compromisso e troca de presentes entre os pais, desde qualquer idade. O menino visitará a casa da menina levando presentes e ganhando outros, periodicamente, passando a morar com ela logo após a festa de iniciação. Os Kadiwéu falam[5] desse casamento como de uma das possibilidades ordinárias, mas que ocorre raramente, e citam algumas pessoas que teriam se casado assim. O casamento comum, porém, se dá nos limites de idade citados, formalmente, por iniciativa do homem, sendo comum as moças insistirem com os rapazes para que as peçam aos pais.

Os Kadiwéu frisam sempre que as moças devem casar-se virgens, embora contem a crônica amorosa de cada mulher, que, geralmente, inclui relações sexuais pré-maritais. Segundo essas fontes, as primeiras experiências sexuais da mulher se dão pouco antes da iniciação e geralmente com rapazes do grupo de que sairá seu futuro marido, de modo que, então, se podem ajustar os pares para o casamento, atendendo as preferências da moça. Não raro o noivo tem relações sexuais com a noiva mesmo antes do pedido. Ouvimos de alguns rapazes as histórias das relações que mantêm com suas jovens companheiras. Segundo esses relatos, os encontros se dão durante os banhos em comum e, mais frequentemente, nas noites de festas ou na casa da moça quando os pais se

---

5   Ilídio e Luiz Preto (Acía-Toho e Habí-Uá), de Tomásia.

ausentam. Sobre o padrão de virgindade é revelador o seguinte comentário de um Kadiwéu[6] acerca de um chefe de família Terena que não deixava suas filhas participarem das festas: "é bobagem segurar, moça é como piaba, quanto mais a gente pega mais ela escorrega. Prende aqui, mas a bicha vai ao córrego, o Caracará[7] chega, puxa ela pra dentro d'água e vai quebrar o caramujo dela bem longe".

É proibido o casamento entre pessoas que se tratam como irmãos, salvo os "irmãos" socialmente determinados, o que é permitido com alguma reprovação. Recentemente os pais de uma moça deram-na em casamento a um neto de servos da mãe da moça que encontraram dormindo com ela. Disseram, então, que era melhor tê-los casados à vista de todos, mas, quando houve um desentendimento entre os sogros e o genro, puseram-no para fora, embora já tivessem uma filha, alegando que não era permitido o casamento entre "irmãos".[8]

Segundo informação que colhemos de João Apolinário, líder religioso de grande prestígio, para o primeiro casamento a moça deve ser pedida ao pai e à mãe, mesmo que se tenham separado logo depois do casamento da filha em questão. Para os seguintes basta pedir à mãe. Não tendo pais, a moça deve ser pedida aos parentes mais próximos, àqueles com quem reside, ou ao seu irmão mais velho. O próprio interessado pode pedir, mas é costume o noivo transferir esse encargo ao seu "melhor amigo", quando não para pedir, ao menos para sondar e preparar o terreno.

O primeiro casamento é considerado ideal quando se dá entre jovens que nunca casaram; nesse caso, os pais da moça e os do rapaz dão festas. Somente o primeiro casamento é festejado. Essas festas constam de danças Kadiwéu ao som de flautas e tambores e danças brasileiras

---

6   Antonio Rufino (Oma-Txé), de Pres. Alves.
7   Herói **trickster**, da mitologia Kadiwéu.
8   Berenicia (Ná-Ué-Na) e Joaquim Mariano (Nõo-Tak), de Pres. Alves.

com música de violão e de sanfona, muito mate para chimarrão e muita aguardente, servida cerimonialmente, às vezes uma corrida de cavalo e lutas de corpo a corpo e, quando as posses dos pais o permitem, abatem um ou mais bois para os convidados. Os pais dos noivos só participam dessas festas, assim como das de iniciação, que são as maiores, para servir os convidados. O noivo deve dar um presente à noiva e outros a seus pais; também ele recebe presentes da noiva e dos sogros. Não há festas nos casamentos seguintes. Ao consentimento da mãe e à troca de presentes, que pode dar-se mais tarde, segue-se a mudança do noivo para a casa da noiva.

A família Kadiwéu é estritamente monogâmica. Os casamentos geralmente duram pouco tempo, sobretudo entre jovens, mas nenhum homem tem mais de uma mulher como esposa, e nenhuma mulher tem mais de um marido ao mesmo tempo. A residência dos cônjuges após o casamento é matrilocal. Nos primeiros anos, pelo menos, o marido vive na casa da mulher e nunca pode sair com ela da aldeia, senão acompanhados de outros moradores da casa, para as festas; e, mesmo quando o marido vai trabalhar nas fazendas vizinhas, não pode levar sua mulher. Com o passar dos anos, em geral depois da morte da mãe da mulher, o casal, se continua junto – o que é muito raro –, adquire maior independência, podendo constituir residência própria.[9] O marido, depois do casamento, não só passa a morar com os parentes da mulher, mas a integrar aquela unidade econômica, desligando-se da antiga. Leva consigo, para a nova residência, todo o seu gado, que desde então fica a serviço do grupo da mulher. Mas observamos que nunca se fundem os bens da mulher com os do marido. O gado, como todas as outras posses, é sempre distintamente separado, e o homem não perde nunca o contato com o seu próprio grupo familiar; visita frequentemente suas irmãs e convive também com seus irmãos.

---

9   Informações colhidas com Luiz Pinto (Habí-Ua), de Tomásia.

A duração média das uniões conjugais é muito pequena, como dissemos; poucas vezes ultrapassa dois anos entre jovens. A separação pode ser feita por iniciativa de qualquer dos cônjuges ou dos pais da mulher. Quando se dá por iniciativa do homem, ele alega, em geral, infidelidade da esposa. Um Kadiwéu de 30 anos, aproximadamente, Antônio Mendes (É-Txuá-Uô), que se casou seis vezes de 1940 a 1947, nos disse: "Não tenho sorte com mulher, elas vão indo, fazem uma safadeza, andam com outros homens; a gente não pode brigar com eles, não pode bater nelas, então tem que largar".

Conforme relatos que colhemos sobre os motivos das últimas separações, quando é a mulher que toma a iniciativa, faz acusações idênticas às do marido e, ainda, de que ele não trabalha, ou de que não gosta dele. E os pais ou responsáveis pela mulher tomam a iniciativa quando se sentem explorados pelo genro que não contribui para a subsistência do grupo na medida de suas expectativas, quando ele maltrata a mulher ou os desrespeita. O nascimento de um filho é às vezes motivo para separações entre casais jovens, porque a mulher que espera uma criança deve dormir em cama separada, abstendo-se de relações com o marido por um período aproximado de dois meses antes e um ano depois do nascimento da criança. Nessa prática, hoje tão pouco respeitada pelos cônjuges novos, está provavelmente um dos fatores que tornam o aborto e o infanticídio tão frequentes entre os Kadiwéu. No caso de infanticídio, o período de abstenção das relações sexuais depois do parto é de um ou dois meses, aproximadamente; quando abortam é menor ainda. Algumas vezes os homens separam-se de suas mulheres quando essas esperam filhos, casam-se com outras e voltam a viver com elas um ano depois. Conhecemos um casal nessas condições; o homem tinha deixado a mulher grávida e casado com outra, e todos diziam que, passado o período de abstenção, voltariam a viver juntos.[10]

---

10   Nii-La, de Pitoco e Rafael (Nao-Umiligue), de Morrinho.

A infidelidade conjugal é considerada boa justificação para a separação, mas os cônjuges nem sempre se separam quando isso acontece e não parece haver ressentimento para com a pessoa com a qual o marido ou a mulher teve relações, pelo menos não chega a conflitos. Não se faz grande segredo das próprias aventuras amorosas, nem das alheias. Contam ao marido as aventuras da mulher e vice-versa, sem nenhuma reserva. A expectativa entre casais jovens parece ser a de que, havendo uma oportunidade, sejam infiéis. Isso é bem manifestado na vigilância contínua que mantêm uns com os outros.

É comum ver-se homens e mulheres que se casam e se separam quase anualmente; já citamos um homem que se casou seis vezes de 1940 a 1947; no mesmo período, um outro[11] casou-se também seis vezes e uma mulher[12] teve sete maridos.

Sistema de parentesco

Os Kadiwéu têm um sistema de parentesco de tipo classificatório, isto é, abrangem sob uma só designação grupos de parentes da mesma geração e que se equivalem, de certo modo, nas relações sociais.[13] É também bilinear, desenvolve igualmente as linhas paterna e materna sem dar ênfase a qualquer uma delas. Os Kadiwéu não têm nenhuma instituição baseada em divisões unilaterais exógamas. A terminologia do parentesco retrata não só as inter relações familiais, mas também outros aspectos da organização social e da configuração cultural atuais dos Kadiwéu. Alguns termos são empregados para designar além das relações de consanguinidade e afinidade, certos tipos de parentesco socialmente determinados, como os que se estabelecem entre servos e senhores, entre padrinhos e afilhados; refletem-se também na termi-

---

11 Eucridio Pinto (Dibi-Te-Ho), de Pitoco.
12 Amélia Marcolina (Abú-Go), de Morrinho.
13 RADCLIFFE-BROWN, A. R. The social organization of Australian tribes, *Oceania*, v. 1 e 2, 1930.

nologia do parentesco as modificações que ocorrem nas inter-relações familiais, com a morte de um parente.

O sistema de parentesco Kadiwéu é muito semelhante ao sistema Tupi,[14] sendo as diferenças mais dignas de nota devidas à maior elaboração do primeiro, que distingue maior número de relações de parentesco, e às correlações entre os dois sistemas e as respectivas organizações sociais.

I – Parentesco consanguíneo

O Quadro II dá o esquema e a terminologia de parentesco consanguíneo, indicando claramente a tendência a designar grupos de parentes da mesma geração por um só termo.

1) Todos os indivíduos da geração dos avós são classificados como "avô" ou "avó", segundo o sexo.

2) Na geração dos pais há diferentes termos para "pai", "mãe", "irmã do pai" e "irmão da mãe" (mulher falando). O homem classifica como "pai" o irmão do pai e o irmão da mãe, e como "mãe" a irmã da mãe; usa outro termo para a irmã do pai, que é o mesmo usado pela mulher para irmã da mãe e irmã do pai; a mulher classifica o irmão do pai como "pai" e designa o irmão da mãe com outro termo. Os mesmos termos se aplicam, ainda, aos filhos dos avós, enquanto irmãos e irmãs do pai ou da mãe.

3) Ego classifica como "irmãos" todos os parentes de sua própria geração, não distinguindo os primos cruzados dos primos paralelos. Designam o irmão ou a irmã do mesmo sexo de quem fala com um único termo e com dois outros termos o irmão ou a irmã do sexo oposto. Existem termos especiais para irmão e irmã mais novo e mais velho.

---

14 WAGLEY, Charles; GALVÃO, Eduardo. O parentesco Tupi-Guarani. *Boletim do Museu Nacional*. (Antropologia). Rio de Janeiro, n. 6, 1946.

QUADRO II – Terminologia de parentesco consanguíneo dos pontos de vista do homem (número de cima) e da mulher (número de baixo). O círculo significa uma mulher; o triângulo, um homem; as linhas paralelas indicam casamento. Todos os termos estão registrados com o possessivo – "meu pai", e não **pai**. Seguimos o valor dos sons em português, salvo o **h** que soa como no inglês. O **gu** tem o mesmo valor que na palavra portuguesa **guia**, e os hífens nas palavras Kadiwéu indicam o **glottal-stop**.

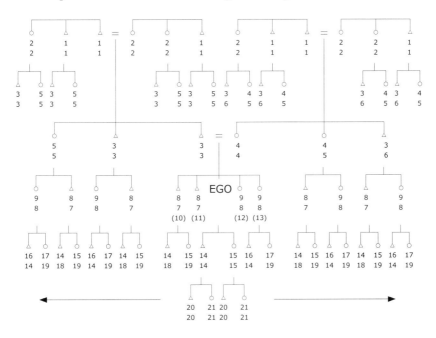

1 – INÉ-LÔKUD ou IÉ-ME
2 – IÁ-MÍT
3 – IÁ TÁD
4 – IÉ-DÉD ou É-IODÔD
5 – IÁ-DJIÔDO
6 – INÉ-TXÚD
7 – IN-NÁ-GUÍN-HÁ
8 – IN-NIÔ-TXUÁ
9 – IN-NIÔ-ÁLO
10 – ILÍ-DRÁT (mais velho)
11 – ILÔ-TXÚ (mais novo)
12 – ILÍ-DRÁLOT (mais velha)
13 – ILÔ-TXÔ-TXÁ (mais nova)
14 – IÔN NICUÍT
15 – IÔN-NÁT
16 – ITÉ-TXEGUÍT
17 – ITÉ TXÉT
18 – ILÉ-DÍT
19 – ILÉ-TÉ
20 – Í-UÁ-LÚDI
21 – Í-UÁ-TÉTI

75

QUADRO III – Terminologia do parentesco por afinidade, dos pontos de vista do homem (números menores) e da mulher (números maiores). O círculo e o triângulo cortados indicam cônjuges separados.

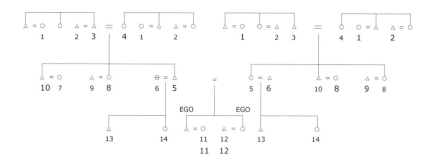

1 – IÁ-NÍN-HÔDOT (igual a madrasta)
2 – IÁ-NÍN-HÚDI (igual a padrasto)
3 – IÔ-TXÍ-HÁDÍT
4 – IÔ-TXÍ-HÁT
5 – IÔ-DAUÁT (sem filhos)
    IÔ-TXÁ-HÁUA (com filhos)
6 – IN-NÁLA-TÚDI (separados)
7 – Í-LÁT
8 – IÉ-DÉU-DÉT
9 – IÁ-NÍU-ÚDÍT
10 – IÉ-DÉU-DÍT
11 – IHÁ-TÉT
12 – IHÁ-DÍT
13 – É-ÍNIGUI
14 – É-INÁ

QUADRO IV – Modificações que ocorrem na terminologia de parentesco com a morte de um parente. Uma cruz indica o parente morto.

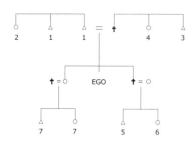 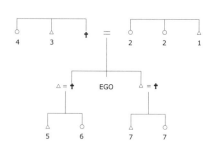

1 – IÁ-TÉU-HÁT
2 – IÁ-TÉ
3 – ÍU-IHÁT
4 – IDA-CÁT
5 – IÁ-TÍN-NIGUÍT
6 – IA-TITXÚT
7 – ILÁ-BÁT

4) Correspondentemente, na geração dos filhos, quando fala um homem, são classificados como "filho" ou "filha" os filhos e filhas de todos os parentes que ele chama "irmão" (mesmo sexo) e designados com outros termos os filhos e filhas dos que chama "irmãs" (sexo oposto); quando fala uma mulher, são classificados como "filhos" os filhos (mas não as filhas) dos parentes que ela chama "irmãs" (mesmo sexo) e com outros termos as filhas das "irmãs" e dos "irmãos" e os filhos dos "irmãos".

5) Todos os parentes da segunda geração descendente são classificados como "netos" ou "netas", de acordo com o sexo.

II – Parentesco por afinidade

O Quadro III dá o esquema e a terminologia de parentesco por afinidade.

1) O pai e a mãe do marido ou da mulher são designados com os mesmos termos, "sogro" ou "sogra", conforme o sexo. A mulher do irmão ou o marido da irmã do pai ou da mãe são designados com os mesmos termos que a mulher do pai (madrasta) ou o marido da mãe (padrasto).

2) Os cônjuges se designam mutuamente com um só termo que varia para os que não têm filhos e os que os têm; há um termo especial para designar cônjuge separado. A irmã da mulher e do marido e a mulher do irmão (mulher falando) são designados com os mesmos termos. O irmão do marido e o irmão da mulher são também designados com um só termo, assim como o marido da irmã (homem e mulher falando), e há termo particular para a mulher do irmão (homem falando).

3) Dois termos designam mulher do filho e marido da filha, sendo esses termos aplicados aos cônjuges de todos os in-

divíduos designados no sistema como filhos. Há dois termos para filho e filha do marido ou da mulher (enteado e enteada).

III – A morte e as designações de parentesco

Como ocorre com vários grupos indígenas, também entre os Kadiwéu a morte de um indivíduo ocasiona muitas modificações nas inter-relações de seus parentes; assim, os nomes tribais dos mortos jamais são pronunciados por qualquer pessoa que tenha relações de parentesco biológico ou social com ele, e todas essas pessoas mudam seus próprios nomes tribais após a morte de um parente. Entretanto, essa influência vai mais longe entre os Kadiwéu, pois a morte reflete-se também na terminologia de parentesco consanguíneo. O Quadro IV mostra as modificações que ocorrem nas designações dos pais, irmãos dos pais e dos filhos dos irmãos quando morre o pai, a mãe, o irmão ou a irmã; essas mudanças se fazem conservando sempre os princípios do sistema classificatório de parentesco.

1) As designações de pai e mãe viúvos são também aplicadas ao irmão ou à irmã do pai depois da morte da mãe, e ao irmão ou à irmã da mãe depois da morte do pai. Existem dois outros termos para irmão e irmã do pai falecido, também aplicados ao irmão ou à irmã da mãe falecida. Desaparecem, aqui, as distinções entre irmãos do pai e da mãe que vimos na terminologia ordinária.

2) Ego designa os filhos do irmão morto com os mesmos termos com que designa os filhos da irmã morta. Emprega um outro termo para designar os filhos do irmão viúvo e da irmã viúva. Irmãos são, para esse fim, todos os parentes assim designados no sistema.

IV – Relações de servidão

A estrutura social Kadiwéu se baseia numa estratificação étnica em camadas de senhores e servos, sendo a camada de servos constituída de indivíduos capturados ou comprados de outras tribos e seus descendentes em primeira e segunda geração. Investigando a origem étnica dos habitantes da reserva de mais de 16 anos que se apresentaram como Kadiwéu, constatamos que apenas 10 homens e 9 mulheres do total de 144 são tidos como Kadiwéu "puros", isto é, descendentes de pais e avós, todos Kadiwéu. Verificamos ainda que 11 homens e 13 mulheres são originários de outros grupos, sendo que 14 deles entraram na reserva ainda meninos e foram criados como Kadiwéu, com **status** de servo, ou "cativo", como eles dizem. Os 101 restantes são descendentes de "cativos", 63 em primeira geração (um ou ambos os pais servos) e 38 em segunda geração (um ou mais avós servos). A não ser os 10 indivíduos que se fixaram entre os Kadiwéu depois de adultos, os demais se identificam como Kadiwéu e falam somente o dialeto Guaikuru desse grupo, além do português que a maioria conhece.

As relações entre senhores e servos são assimétricas, de submissão dos primeiros aos últimos, e é comum o tratamento recíproco de "meu senhor" e "meu cativo" entre uns e outros. A expectativa de comportamento dos senhores é de que os servos mantenham uma atitude respeitosa diante deles, e, em muitos casos, que prestem serviços sem esperar retribuições e lhes deem uma parte do produto de seu trabalho. Esse padrão é claramente manifestado na afirmação seguinte que ouvimos de uma "cativa"[15]: "A gente respeita o dono mais do que os outros homens e, quando ele vem na casa, a gente tem que dar do melhor para ele comer" e, sobretudo, em atritos que assistimos em Pres. Alves, originados por desajustamentos de expectativas de senhores e servos; em todos os

---

15   Idalina (Ligue), de Campina.

casos os senhores exigiam dádivas ou prestação de serviços, entrando em conflito com os servos que se negavam a atendê-los. A comunidade, nesses casos, se colocou sempre ao lado dos servos, recriminando o "senhor" porque "agora não tem mais cativos, todos são irmãos".

Conhecemos alguns servos que vivem na casa dos seus senhores, onde são tratados como membros da família de **status** mais baixo, prestam serviços nas condições de servo e estão muito apegados emocionalmente aos seus "donos". O comportamento de servos e senhores, quando morre um parente de qualquer deles, é o mesmo que entre parentes consanguíneos, e os servos são enterrados nas sepulturas familiares dos seus senhores.

São os seguintes os termos de parentesco empregados para designar relações entre servo e senhor:

1) O "cativo" adulto designa o seu captor como "meu dono" (Iá-Dji-Miguít) ou "meu senhor" (Iniô-Tágod), ou ainda como "meu avô" (Ié-Mé); se é apanhado ainda menino, como "meu pai" (Iá-Tád), à mulher do captor como "minha senhora" (In-Niô-Tágod) ou "minha avó" (Iá-Mít) ou ainda, "minha madrasta" (Iá-Nín-Hôdot), e são tratados como "meu cativo" (Iô-Táguit) ou "meu neto" (I-Uá-Lúdi).

2) O filho do cativo designa o captor do pai ou da mãe como "meu avô" (Ié-Mé) e a seus filhos como "meu pai" (Iá-Tád); a ambos como "meu senhor" (Iniô-Tágod); e é tratado pelo primeiro como "meu neto" (I-Uá-Lúdi) e pelo segundo como "meu filho" (Iôn-Nát) ou como "meu cativo" (Iô-Táguit).

3) O filho do cativo designa o neto do captor de seu pai como "meu irmão" (In-Niô-Txuá) e recebe o mesmo tratamento.

Aplicam-se também aos descendentes dos cativos depois do falecimento de seus pais servos, as modalidades que tomam os termos de parentesco com a morte de certos parentes.

Assim, os tratamentos recíprocos dos filhos do captor e filhos do cativo, Iá-Tád/Iôn-Nát, com a morte do pai do cativo passam a ser, Iá-Téo-Hát/Iá-Titxút, com a morte da mãe do cativo, passam a Iú-Íhat/Ilá-Bát.[16]

Como se vê, a terminologia de parentesco reflete claramente o processo de integração do servo na sociedade Kadiwéu; os descendentes de captor e cativo vão se aproximando progressivamente, geração após geração, em nível social, passando a certa altura a classificarem-se reciprocamente como irmãos. As relações entre esses irmãos não são simétricas como as dos irmãos consanguíneos, pois o descendente de servos pode ouvir em qualquer ocasião uma alusão malévola à origem do parentesco que o liga ao descendente do captor; mas desaparecem, então, as designações "meu senhor" e "meu cativo" e as obrigações que elas implicam.

V – Filhos adotivos e afilhados

Encontramos nas casas alguns indivíduos designados como "filhos" além dos assim classificados na terminologia de parentesco consanguíneo e dos servos. Trata-se de pessoas adotadas por morte ou impedimento dos pais e criadas como filhos, com o mesmo **status** destes e aos quais se estende essa designação.

Um outro centro de relações de parentesco socialmente determinado é a instituição do "batizado" (Djileguí-Nal). A cerimônia que lhe dá origem consiste numa festa em que se comunica o nome que recebeu uma criança e quais são os seus "padrinhos" (Inibedón-Nuhúd). A festa é organizada pelos pais da criança com a ajuda dos amigos escolhidos para padrinho e madrinha; na falta de recursos prescindem da festa, levando o batizando de casa em casa para comunicar o nome que recebeu.

---

16 Todas essas designações de parentesco são do ponto de vista do homem; para o caso oposto, de mulher falando, pode-se ver os correspondentes nos quadros de parentesco II e IV.

Em qualquer das duas formas procuram dar ênfase às relações estabelecidas entre os pais do batizando e os padrinhos; não têm palavras em sua língua para designar essas relações, usando os termos portugueses **compadre** e **comadre**, que repetem inúmeras vezes durante a festa. Esta só termina quando é servida aguardente, comprometendo-se, então, os compadres a manter estreita amizade e a viverem como irmãos.

As crianças são "batizadas" antes dos 5 anos, e essa é a única festa dos meninos, sendo que as meninas têm, depois, a festa de iniciação. Embora usem os mesmos termos para designarem a instituição do batizado católico e a sua própria, consideram-nas diferentes; os pais quando têm oportunidade "batizam" os filhos das duas formas, não vendo incompatibilidade entre uma e outra. A mesma criança pode ser batizada três ou quatro vezes, e cada novo batizado estabelece nova série de inter-relações, definindo **status** mais ou menos precisos para o afilhado, os padrinhos, os compadres e as respectivas famílias.

As relações de afilhados (Inibedón-Niguít) e padrinhos são perfeitamente definidas; devem auxiliar-se uns aos outros, podendo o afilhado, em qualquer ocasião, procurar a casa do padrinho para morar. O casamento entre afilhados e filhos dos padrinhos – classificados como irmãos – é reprovado, embora não seja impossível. Os compadres e afilhados são convidados obrigatórios em todas as festas do padrinho, devendo comparecer ou se fazer representar por um parente próximo, recebendo tratamento privilegiado. As relações entre compadres devem conformar-se às relações entre irmãos consanguíneos. Encontramos em certos grupos familiais, indivíduos cujas relações com os outros membros nos foram explicadas como sendo desse tipo, e as principais relações de cooperação que observamos se davam entre compadres, sendo somente superadas pelas relações entre filhos dos mesmos pais.

Inter-relações na família

As inter-relações dos indivíduos aparentados biológica ou socialmente são de familiaridade ou reverenciais, conforme a natureza e o grau de parentesco. As relações entre parentes consanguíneos e afins de gerações diferentes são respeitosas, podendo os da geração mais velha (os pais e avós) ter familiaridade de tipo jocoso para com os das gerações posteriores (filhos e netos). Entre os parentes da mesma geração são de familiaridade, podendo uns fazer brincadeiras com os outros. O sexo é um dos motivos correntes nessas brincadeiras verbais, mas relações sexuais propriamente ditas são proibidas entre pessoas aparentadas. O respeito entre indivíduos iguais em nível social, avô e neto consanguíneos, por exemplo, é diferente do respeito que o servo deve ao senhor. Este último admite relações sexuais, embora com alguma reprovação.

O homem, nos grupos residenciais matrilocais, podendo sair sempre para festas e caçadas nos grupos vizinhos, relaciona-se mais do que a mulher com todos os parentes paternos de sua própria geração, da geração dos pais e dos filhos; a mulher fica mais ou menos circunscrita aos parentes da mãe que moram e frequentam a sua própria casa, sendo, por isso, menos amplamente integrada no sistema familiar que o homem, que se relaciona com um círculo mais vasto, fato que se reflete na terminologia do parentesco.

O grau de solidariedade entre os indivíduos aparentados biológica ou socialmente varia com a convivência que mantêm uns com os outros. São claramente diferenciados os parentes próximos dos distantes, embora classificados com um só termo. Os vínculos mais fortes são os que unem os cônjuges, pais e filhos e filhos dos mesmos pais, tanto nos grupos conjugais como nos consanguíneos. Em segundo lugar, entre os membros do mesmo grupo residencial e, diminuindo gradualmente, entre os parentes da mesma geração e entre os de diferentes gerações.

Convivendo com os Kadiwéu em suas próprias casas, tivemos oportunidade de observar algumas das relações típicas entre parentes, mas nos valemos para a descrição seguinte de informações tomadas de vários índios e do sr. Anaudelino, encarregado do P. C. Pitoco que vive entre os Kadiwéu desde 1941 e fala regularmente sua língua.

I – Relações entre pais e filhos

As mulheres têm filhos somente depois dos 20 anos, e a maioria delas mais tarde ainda, não deixando "vingar" os que concebem antes. Poucas mulheres Kadiwéu têm mais de três filhos, sendo mais comum terem um ou dois, e a grande maioria delas só deixa nascer um novo filho depois do último ter mais de três anos.

O aborto e o infanticídio são largamente praticados, como dissemos. Abortam por meio de beberagem de raízes amargas, principalmente de fedegoso[17] (Axalákri), ou por meios mecânicos, machucando o feto no ventre materno até matá-lo. Quando a mãe não consegue arranjar-se sozinha pede a ajuda de um especialista, que para o aborto é sempre homem; eles matam o feto mecanicamente, sem que a mãe, deitada no chão para esse fim, sinta qualquer dor. O infanticídio, de que lançam mão quando não tiveram sucesso as tentativas de aborto e, principalmente, quando nasce um filho de sexo não desejado – os meninos são geralmente preferidos –, é praticado pela mãe ou por uma "matadeira"; nesse caso quebram o pescoço da criança ou a asfixiam e a enterram dentro da casa, debaixo do girau em que dormem os pais. O pai não pode ver o filho que não deva "vingar". Os homens não podem praticar o infanticídio; este é atribuição exclusiva das mulheres. Há presentemente grande luta dentro do grupo contra o aborto e o infanticídio,[18] mas eles continuam sendo praticados em larga escala,

---

17   Leguminosa cesalpinácea, gênero *Cassia*, provavelmente a espécie *Cassia occidentalis*.
18   Lideram essa luta o "padre" João Apolinário e o capitão Lauriano, o primeiro em nome de

o que é evidenciado mesmo pela composição da população Kadiwéu. Recentemente uma mulher obrigou sua sobrinha, que vive com ela e é casada com um filho de Xamakoko, a abortar, dizendo que não queria neto Xamakoko; entretanto, ela própria é descendente daquela tribo.[19] Entre as justificativas que ouvi para a prática do aborto e do infanticídio, ocorrem com mais frequência as de que não têm roupa para o novo filho e de que o último ainda está muito pequeno. Provavelmente, ainda é um dos fatores a abstenção de relações sexuais entre os cônjuges, antes e depois do nascimento da criança.

As mães Kadiwéu cuidam dos filhos com o maior desvelo; não se separam deles senão quando dormem, acompanham-nos durante o dia todo, vigiando seus menores gestos. Geralmente deixam de cozinhar para o marido e passa ele mesmo a fazer a comida, se vivem sozinhos, e só à noite vão tomar banho e lavar a roupa. Ouvimos de Júlia (In-Nium-Nalôe), de Pitoco, o seguinte comentário sobre o trabalho que dão as crianças: "é preciso ficar olhando o dia todo, menino é besta, não sabe nada, se a gente deixar, ele pode até comer bosta de galinha, qualquer porcaria do chão". A amamentação das crianças vai até os dois anos, às vezes até bem mais tarde. Não há segredos para as crianças, todos os assuntos podem ser ouvidos; os adultos conversam sem qualquer constrangimento junto delas. Suas perguntas são sempre satisfeitas pacientemente, com todos os detalhes que desejem sobre qualquer assunto. O pai e a mãe se sentem igualmente obrigados a orientar e a ensinar os filhos, o que nunca se faz formalmente. Ligam-se mais, para esse fim, o filho ao pai e a filha à mãe, em virtude da divisão do trabalho por sexo; mas todo o grupo materno colabora na educação das crianças. A autoridade dos pais sobre as filhas é maior que a dos maridos sobre as

---

valores sagrados e o segundo "para não acabar a nação". Deles obtivemos as informações registradas sobre o aborto e o infanticídio.

19 Maria (ANOÃ), de Pres. Alves.

esposas; esse padrão é evidenciado nos conflitos que se dão entre sogro e genro, nos quais, de ordinário, o genro se separa da mulher. Os filhos e filhas herdam igualmente quando morrem os pais e são perfeitamente definidos os bens de cada membro da família.

II – Relações entre irmãos

Os irmãos em geral são socialmente equivalentes, diferindo o tratamento recíproco, conforme a natureza do parentesco, o grau de convivência e a idade. São muito unidos e estão sempre visitando-se mutuamente, sobretudo os irmãos às irmãs. A primeira casa que o indivíduo procura para morar depois de separar-se da mulher é a casa da irmã, que ele considera como sua. Dentro do grupo de irmãos definidos no sistema, é mais intensa a solidariedade, primeiro, entre irmãs, segundo, entre os irmãos e as irmãs, terceiro, entre os irmãos. Os primos paralelos ou cruzados, embora classificados como os irmãos, estão ligados com grau de solidariedade muito menor, sendo mais intenso entre os que residem na mesma casa. As relações entre irmãos de parentesco determinado por servidão são assimétricas, embora admitam familiaridade jocosa. As relações entre os irmãos mais velhos e os mais novos, sobretudo depois que aqueles se casam e se mudam para as casas de suas mulheres, são também assimétricas. O irmão mais velho é para o mais novo uma autoridade bondosa que ajuda a resolver seus problemas e traz presentes quando de suas visitas.

III – Relações entre marido e mulher

A posição social do marido, assim como a da esposa, varia com o tipo de família; nos grupos conjugais ele é o chefe incontestе, tem predominância marcada sobre ela. Esse tipo de família é o que melhor realiza as aspirações tão patentes nos homens Kadiwéu ao domínio da esposa e que se manifesta no fato de os homens atribuírem queixosamente as infidelidades conjugais das mulheres à residência matrilocal. Comentando as aventuras amorosas de uma jovem senhora, nos disse um Kadiwéu:[20] "se fosse eu tirava ela, nem que fosse à força, da casa do pai, e aí queria ver ela andar com outros". Na família extensa o homem tem uma posição social marcadamente inferior à da mulher; os maridos, nesses grupos residenciais, antes dos 40 anos, permanecem quase sempre como estranhos, só se integrando ao grupo e melhorando seu **status** depois dessa idade, quando se fixam definitivamente com uma mulher, passando, então, a ser um dos elementos mais prestigiados do grupo.

A posição social da mulher varia correspondentemente a maior submissão nos grupos conjugais e maior independência quando vive junto da própria família. O número de mulheres adultas solteiras e separadas – dezessete –, sendo muito menor que o de homens nas mesmas condições – vinte e nove –, torna muito intensa a competição para conseguir uma mulher, o que as valoriza, contribuindo para elevar a sua posição social. Todas as mulheres separadas com menos de 40 anos "divorciaram-se" há pouco tempo e estão – com exceção de duas que se acham em tratamento – sendo disputadas pelos homens. Influi também no status atual da mulher o papel que ela representa na economia do grupo, particularmente em sua conexão com a economia dos neobrasileiros vizinhos. Uma das poucas maneiras de conseguir dinheiro com que contam os índios da reserva é a venda de trançados. E a mulher, em virtude da divisão rígida do trabalho nesse campo, fabrica a maior parte deles – os homens só trançam chapéus –, e exatamente os mais rendosos.

Mesmo nas famílias consanguíneas os casais e seus filhos não se dissolvem completamente na unidade familiar; conservam sempre certa liberdade, funcionando como pequenos subgrupos, de maior grau de solidariedade interna, para o provimento da alimentação e para a educação dos filhos.

---

20   Barbosa, (A-GÕ-LA), de Pitoco.

Os cônjuges jovens são em geral muito carinhosos e passam juntos quase todo o tempo que o marido está em casa, contando casos e rindo, enquanto o homem trança chapéus ou cuida de seus arreios e armas e a mulher cuida das crianças, cozinha, faz trançados ou cerâmica. Juntos tomam banhos nas baías uma ou duas vezes por dia e atendem, também juntos, a todas as suas necessidades. As obrigações do homem são cuidar do gado de sua propriedade, que em geral é pouco numeroso mas sempre dá ensejo de passar parte do dia no campo, longe da roça do sogro, e as caçadas, que ainda representam parte substancial da alimentação. As mulheres, os homens mais velhos e as crianças cuidam da coleta de frutos, palmitos e mel e, com pouca exceção, somente os homens mais velhos, nas famílias extensas, e os chefes dos grupos conjugais têm roças. Os rapazes antes de casar ajudam um pouco os pais, mas principalmente dançam, fazem música e caçam; depois de casados continuam na mesma vida por muitos anos, dependendo das roças do sogro ou dos homens mais velhos do grupo da mulher.

São estritamente regulamentadas as relações dos cônjuges separados. Devem manter atitude respeitosa um para com o outro e tornar-se bons amigos, logo que passe o ressentimento. O marido separado é, como os irmãos, uma das pessoas para quem a mulher pode apelar em caso de dificuldades, sobretudo se têm filhos; é também motivo de atritos da mulher com o novo marido.

Quando morre uma pessoa os Kadiwéu queimam a casa em que morava e levam para o cemitério os seus objetos de uso pessoal, sendo os demais distribuídos entre os parentes. Contudo, ainda não desenvolveram padrões universalmente aceitos sobre a herança dos bens do morto, e uma das dúvidas é se tem direito à herança a última mulher, se o morto não teve filhos com ela.

IV – Relações entre genro e nora – sogro e sogra

O genro jamais fala diretamente com o sogro ou com a sogra. Esse padrão é tido como um símbolo do respeito que deve ser mantido entre uns e outros. "Se o sogro ou sogra falar com o marido da filha deles, é porque não querem mais o genro e ele já pode ir embora", nos disse um Kadiwéu.[21] Observamos que os sogros não tomam parte nem indiretamente nas conversas de grupos em que esteja o genro; quando querem falar com ele dirigem-se à filha, como se o genro não estivesse presente. Evitam mesmo olhar um ao outro. Segundo informação do capitão Lauriano, confirmada por uma narração do encarregado do P. C. Pitoco, se numa viagem ou caçada se encontram o pai ou a mãe da mulher sozinhos e têm necessidade de dizer qualquer coisa um ao outro, falam sem se olharem, dirigindo-se os sogros à sua filha e o genro à sua mulher, como se ela estivesse presente. Esse padrão é estritamente observado por todos os Kadiwéu; os genros e sogros, residam ou não juntos, jamais se falam.

A nora conversa livremente com o sogro e com a sogra; essas relações são, segundo comparação de um Kadiwéu,[22] semelhantes às que se devem estabelecer por regra entre parentes remotos, de gerações diferentes.

---

21   Mariano Rostes (Nôo-Tak), de Pres. Alves.
22   Mariano Rostes (Nôo-Tak), de Pres. Alves.

Notícia dos Ofaié-Xavante[1]

O presente artigo é uma simples notícia dos índios Ofaié do sul de Mato Grosso; reunimos aqui informações obtidas de um pequeno grupo de remanescentes que só na infância tiveram vida tribal e para quem ela é, hoje, apenas uma recordação.

Convivemos durante quatro semanas, em fins de 1948, com esse grupo; compreendia 10 pessoas de duas famílias cujos chefes eram irmãos. O mais velho, Otávio, tinha pouco mais de 50 anos, vivia com a mulher, um filho e uma filha, esta casada com um jovem Kaiwá de quem tinha um menino; o irmão mais novo, José, também casado, tinha duas filhas e um filho. Viviam em dois ranchos à margem esquerda do ribeirão Samambaia, pouco antes de sua desembocadura no colar de baías que vai ter, por um braço, no rio Paraná e, por outro, no Ivinhema.

Dos antigos costumes apenas se poderia notar, numa observação ligeira, os lábios e orelhas furados dos dois irmãos, o gosto de dormir no chão em covas cobertas de capim e o uso ocasional de arcos e flechas de primorosa execução que constituem seu orgulho e sua riqueza.

Moram, vestem, cultivam a terra, criam porcos, galinhas e patos do mesmo modo que seus vizinhos neobrasileiros mais pobres. Saem, às vezes, para trabalhar nas fazendas vizinhas como peões, lenheiros ou lavradores; assim conseguem algum dinheiro para adquirir panos, remédios, sal, fósforos e outros poucos artigos.

---

1   Os dados em que se baseia o presente trabalho foram colhidos no curso de um programa de pesquisas da Seção de Estudos do Serviço de Proteção aos Índios. Foi publicado pela primeira vez na *Revista do Museu Paulista*. São Paulo, Nova Série, 1951, v. 5.

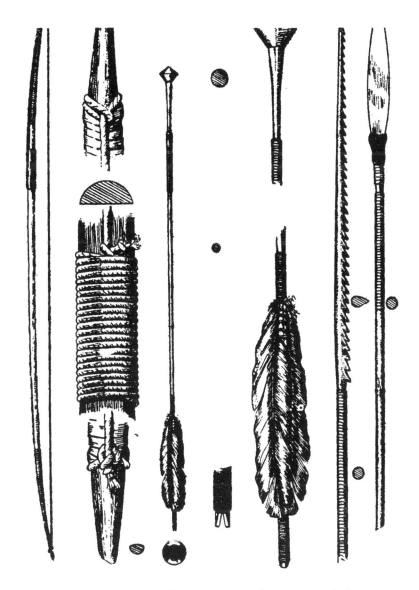

Arco e flecha ofaié. O arco de seção semicircular, em cerne de brejaúva, tem as extremidades envolvidas com embira de cipó imbé; a corda é feita com fibras de palmeira bocaiúva; mede 154 cm. Flecha de taquari com emplumação tangencial de penas de arara, presas com linha de algodão; as pontas talhadas em cerne de alecrim da mata são inseridas no caniço por pressão, presas com cerol e enfaixadas com embira de cipó imbé. A flecha rômbica usada para caçar pássaros tem 115 cm; a farpada, para pesca e pequena caça, 124 cm; e a lanceolada, de aço, utilizada como arma de defesa e para caça de grande porte, mede 111,5 cm. Desenho de J. Coelho – SE – SPI.

Somente os dois irmãos e suas mulheres viveram em aldeias ofaié; seus filhos cresceram nas fazendas que hoje ocupam o antigo território tribal, e um deles foi criado por uma família neobrasileira. Não obstante essas condições, ou talvez mesmo em virtude delas, o grupo tem um elevado sentimento de solidariedade tribal. Falam a língua ofaié, usando o português somente nas relações com estranhos, e identificam-se como Ofaié, em oposição aos vizinhos brasileiros, paraguaios e aos Kaiwá. Embora tão poucos e mergulhados na massa crescente de elementos estranhos e hostis, conservam esse sentimento de unidade tribal, e estamos certos de que com o último deles viverá ainda um Ofaié – sem qualquer possibilidade de exercer os padrões de comportamento tribal, mas cheio de nostalgia pelo destino da tribo e de muda revolta contra os invasores que a destruíram.

Esses foram nossos informantes, falaram-nos daqueles aspectos da antiga cultura que ainda recordavam e contaram as lendas aqui registradas. Trata-se, pois, como dissemos, de recordações, de notícias de uma tribo que ainda em começos do século contava com um milhar de pessoas e está reduzida, hoje, a esse grupo e, talvez, a uns dois outros nas mesmas condições.

Etno-história Ofaié

O nome Ofaié ou Opaié[2] é a autodenominação desses índios chamados Xavante pelos vizinhos neobrasileiros. Vivem de preferência nos campos e não possuem cavalos, como se dá também com seus homônimos do rio das Mortes (Akué) e dos Campos Novos de São Paulo (Otí), com os quais, aliás, nada mais têm em comum.

O general Rondon teve contato com um grupo de índios Ofaié em 1903, quando realizava o levantamento do rio Negro. Segundo nos

---

2   É pronunciado por eles com uma consoante imprecisa, entre o **f** e **p**.

relatou, ao descer aquele rio, depois de uma curva muito fechada, deparou com um grande acampamento de caça desses índios, todos fugiram e ele pôde observar detidamente os fogos em que assavam carne de veado e caititu; esteve, então, com dois deles que, embora cheios de terror, atenderam aos seus insistentes chamamentos. Dias depois, atraídos pelo bom trato e pelos presentes recebidos pelos dois companheiros, um grupo numeroso de homens visitou o acampamento da Comissão, ficando um deles com o general Rondon até o término dos trabalhos no rio Negro.

Esse foi, provavelmente, o primeiro contato pacífico dos Ofaié com civilizados. Verificou-se, nessa ocasião, que eram esses os índios aldeados entre os rios Negro e Taboco, dos quais, até então, só havia notícias vagas;[3] constatando-se, ainda, que constituíam uma tribo independente desconhecida até aquela época.

As primeiras informações de valor etnológico publicadas sobre os Ofaié se devem a Curt Nimuendaju, que visitou as aldeias em 1909 e 1913. São muito conhecidos o seu vocabulário, através do qual o grupo foi classificado como de língua isolada com intrusões Ge,[4] e suas notas sobre a mitologia desses índios.[5] Manizer visitou o grupo do Taboco no município de Aquidauana em 1914 e publicou ligeiras descrições de suas danças e instrumentos musicais.[6] O general Malan relatou um encontro que oficiais sob seu comando tiveram com um bando Ofaié em

---

3   Um relato pormenorizado desse contato seria divulgado na publicação n. 69-70 do C.A.P.I. – "Relatórios Gerais dos Trabalhos de Construção das Linhas Telegráficas do Estado de Mato Grosso, de 1900 a 1906, pelo major Cândido Mariano da Silva Rondon".
4   NIMUENDAJU, Curt. Idiomas indígenas del Brasil. *Revista del Instituto de Etnologia de la Universidad Nacional de Tucumán*, Buenos Aires, v. 2, p. 543-618, 1932.
5   Id. Die Sagen von der Erschaffung und Vernichtung der Welt als Grundlagen der Religion der Apapocúva-Guarani. *Zeitschrift für Ethnologie*. Berlim: v. 46, p. 375-379, 1914. Tradução de F. W. Lommer.
6   MANIZER, Henri Henrihovitch. Música e instrumentos de música de algumas tribos indígenas do Brasil (1, Caduveos; 2, Terenos; 3, Faias; 4, Caingangues; 5, Guarany; 6, Botocudos). *Revista Brasileira de Música*. Rio de Janeiro, v. 1, 4ª fase, 1934.

1924 e divulgou algumas fotografias desses índios.[7] Finalmente, Erich Freundt esteve em 1942 no toldo Ofaié do rio Pardo, divulgando, depois, desenhos e notas sobre suas armas e processos de caça e pesca.[8]

Dados de segunda mão foram publicados por Von Ihering,[9] que comunicou pela primeira vez o vocabulário colhido por Curt Nimuendaju; por Loukotka que, à base do mesmo vocabulário, procurou estabelecer a classificação linguística dos Ofaié;[10] e por Herbert Baldus, que escreveu uma introdução ao trabalho de Erich Freundt resumindo os conhecimentos que se tinha, então, sobre esses índios.[11]

Como vimos, as primeiras referências publicadas sobre os Ofaié datam da segunda década deste século; nenhuma crônica ou mapa anterior trata desse grupo, que passou, até então, praticamente ignorado.

Segundo as tradições orais dos moradores dos Campos da Vacaria, remontam a meados do século passado os primeiros choques entre os criadores de gado que os povoaram e os Ofaié; que eles foram violentos estão a testemunhar a rápida extinção da tribo e as histórias das chacinas de que foram vítimas. Cada fazendeiro que hospeda um viajante naquela região tem todo um repertório de preposto do SPI de que morreram todos por ocasião da epidemia de 1918.

Em 1924 o SPI retomou o problema, registrando nova reserva, à margem esquerda do Samambaia, no mesmo local onde fomos encontrá-los em 1948. Segundo o relatório do demarcador, Genésio Pimentel Barbosa, naquele ano já não existiam índios Ofaié no rio La-

---

7   MALAN, General. A região sul de Mato Grosso – Esboço descritivo e estatístico. *Revista Militar Brasileira*. Rio de Janeiro: ano 18, n. 4, v. 27, 1929.

8   FREUNDT, Erich. *Índios de Mato Grosso*. Introdução e bibliografia por Herbert Baldus. São Paulo: Melhoramentos, 1947.

9   IHERING, Hermann von. Ethnographia do Brasil Meridional. Extracto de las Actas del XVII Congresso Internacional de Americanistas, Buenos Aires, 1912. p. 250.

10   LOUKOTKA, Čestmír. Línguas indígenas do Brasil. R.A.M.S.P. São Paulo: v. 54, p. 147-184, 1939.

11   FREUNDT, Erich. *Índios de Mato Grosso*. Introdução e bibliografia por Herbert Baldus. São Paulo: Melhoramentos, 1947.

ranjalzinho. Viveriam, então, em três grupos: um à margem direita do ribeirão Sta. Bárbara, outro na desembocadura do rio Pardo (trabalhando ambos com peões ou ervateiros para os sitiantes) e o último nas imediações do Porto Quinze, no rio Paraná.[12]

Criada a reserva, foram levados para lá os remanescentes Ofaié; aí viveram até que Ramón Coimbra, delegado do SPI que os acompanhava desde o Laranjalzinho, foi assassinado a mando de um fazendeiro vizinho que exigia o trabalho dos índios em seus ervais.

Dispersaram-se, então, novamente, morrendo quase todos nos anos seguintes, vitimados por gripes e tuberculose nas fazendas vizinhas. Restam hoje, segundo informações obtidas na região, além do grupo que visitamos, outros dois: um de 10 pessoas na fazenda Água Limpa, próximo da estação Pena Júnior da E.F.N.B; outro, ainda menos numeroso, na fazenda Esperança, ambos em águas do rio Taquaruçu.

* * *

A mais remota recordação de Otávio se prende a uma das chacinas de que sua tribo foi vítima. Ocorreu em 1900, quando ele tinha pouco menos de 5 anos e José ainda não era nascido. Viviam numa aldeia à margem do ribeirão Combate (assim chamado desde então), onde foram atacados uma madrugada por grande número de cavaleiros. Seus pais conseguiram fugir, escondendo-se num pindaibal próximo, onde ficaram todo o dia; saíram à tarde, para ver se os atacantes tinham ido embora, a fim de procurar um irmãozinho que, na precipitação da fuga, havia ficado para trás. Mas não tinham esperanças, sabiam que nesses ataques matavam todos os adultos e roubavam as crianças. Quando chegaram na orla do pindaibal, seu pai viu que os homens continuavam lá, tomou as flechas e quis atacá-los para tomar o gurizi-

---

12   Arquivos da SE do SPI.

nho que brincava em volta da casa, mas sua mãe não deixou, dizendo: "Larga, ele já está mesmo no meio do perigoso; vamos embora, não tem mais jeito, vamos embora, senão nossa gente nos deixa pra trás".

O mesmo ataque nos foi relatado na fazenda Porto Alegre, onde passamos uma noite quando viajávamos para a Samambaia. Ao lado da casa da fazenda fica um imponente monumento de alvenaria, é o túmulo do fundador; ali se lê numa inscrição que ele, "seus filhos e companheiros foram infortunadamente trucidados pelos Xavante em 19-4-1900". Esse foi o motivo da expedição vingativa ao ribeirão Combate, para a qual se juntaram todos os vizinhos do morto e que até hoje é rememorada como a mais sanguinária façanha da região. Ficou célebre, então, um mulato gaúcho que usava espada e, depois de matar muitos adultos, jogava as crianças para cima e as apanhava espetadas na espada. Ao sair, encontraram duas mocinhas escondidas que conduziram consigo, porque quase todos queriam levá-las para criar. Mas na primeira parada amarraram as moças em árvores e as degolaram, porque elas lhes deram a entender que não desejavam segui-los.

Para nosso informante essa é apenas a mais remota de toda uma série de recordações de lutas, trucidamentos e fugas em que sua gente se viu envolvida contra os invasores, contra os índios Guarani e Terena e também contra outros bandos da própria tribo. Esses conflitos internos se acentuaram depois que alguns grupos estabeleceram relações pacíficas com criadores de gado e se puseram a seu serviço para localizar e "amansar" os outros.

Durante toda a mocidade, nossos informantes viveram em pequenos bandos, sempre perseguidos, ao longo do colar de baías em que desaguam os ribeirões Combate, Três Barras e Samambaia. Armavam acampamentos à beira dos riachos, passavam alguns dias pescando e se internavam novamente na mata, à menor suspeita de serem descobertos. Quando era possível faziam roças no centro das matas mais distantes, limpando a terra com duplo cuidado para que o mato não a invadisse, lançando as sementes e abandonando o roçado para só voltar meses depois, quando pudessem colher a produção.

Viveram assim até que seu pai juntou-se também ao grupo do Laranjalzinho e, mais tarde, à reserva do Samambaia. Mas ainda aí não terminariam suas lutas; durante muitos anos continuaram percorrendo as matas e os campos, à procura dos companheiros de tribo ainda "brabos" para amansá-los, o que nem sempre se fazia pacificamente.

Usos e costumes

As maiores aldeias de que Otávio se lembra tinham perto de vinte casas, dispostas em amplo círculo no meio do qual ficava um campo de terra batida para danças e provas desportivas; num dos extremos desse terreiro havia um cocho para a chicha, coberto por uma paliçada. As casas, em forma de cúpula, eram feitas com uma armação de varas flexíveis fincadas no chão por uma extremidade e amarradas aos pares pela outra, cobertas de capim ou folhas de pindó, com uma saída para o pátio e outra para a roça. Uma estrada larga, sempre limpa, partia de perto da morada do "chefe" em direção ao rio; do fundo da casa saía um caminho que ia dar na estrada da roça.

Sobre esse "chefe" soubemos apenas que usava flechas especiais, emplumadas com penas de um gavião do campo, e que era de sucessão hereditária. Às vezes, porém, quando o herdeiro não merecia a confiança do grupo, escolhia-se um líder entre os homens mais valentes e mais sábios. Esse foi o caso do pai de nossos informantes, escolhido para encabeçar um grupo depois da deposição do antigo chefe que se mostrara incapaz. Para isso reuniam-se os chefes vizinhos, procuravam o que fracassara e lhe faziam ver que não podia continuar liderando sua gente.

Otávio nos falou de outro personagem importante nos grupos locais, o "padre"; este cantava, rezava, dirigia os ritos de passagem e cuidava magicamente das roças. Quando granavam as primeiras espigas, ele mandava limpar o chão debaixo de uma árvore alta, próxima da roça, amarrava uma espiga num cipó e prendia num galho da árvore; cantava, então, dançando ao redor, até que a espiga batesse no galho, levada pelo vento. Com esse exorcismo livrava a roça do ataque de pragas, e seu poder seria tão grande que naquele tempo não se ouvia falar de roças perdidas.

* * *

Os Ofaié não praticam a couvade; durante a gravidez a mãe deve abster-se da carne de caititu e de veado, caso contrário ficaria louca. Essas proibições se prolongam por alguns meses depois do nascimento. Por ocasião do parto é assistida por mulheres enquanto o marido se afasta para caçar. Da atividade do pai nos primeiros meses de vida da criança, dependia a sua futura disposição para o trabalho; se ficasse em casa, seu filho seria certamente um preguiçoso.

O nome da criança era escolhido pelo "padre", que cantava noites seguidas até "descobri-lo"; às vezes ocorria de uma criança crescer sem nome porque ele não conseguia encontrá-lo. Os nomes próprios eram sempre tomados a pássaros, e seus portadores não podiam abater as aves cujos nomes receberam.[13]

Muito cedo cada menino ganhava do pai um parelho de flechas para as provas que se realizavam todas as tardes entre os componentes dos grupos de mesma idade. Antes da iniciação, os meninos não podiam comer "carnes fortes" nem tomar mel puro – e de nenhum modo

---

13   Essa informação não é inteiramente confirmada pelos nomes dos integrantes do grupo que conhecemos. Somente dois deles tinham nomes de pássaros: Um (pombo) e Uêe (pássaro de peito vermelho); os outros eram chamados: Otávio – E-uigi (cabelo); José – Ké-tê (sujo de terra); e, ainda, Kôn-rôn (preta); Té (pequeno); Txé (dente); Etaká-haté (piau); Tugu-nuté (bolinha).

o mel de borá. Tomavam chicha e comiam mingau e quirera de milho ou mandioca, chupando apenas o suco.

A iniciação se fazia reunindo todos os jovens em idade de assumirem o **status** de adulto e dividindo-os em dois grupos que disputavam diversas provas com flechas tacapes durante vários dias. A principal consistia em saltar ao mesmo tempo, vindo de lados opostos, uma paliçada levantada no meio do pátio da aldeia, girando ameaçadoramente as bordinhas, acima da cabeça. Depois dessas cerimônias podiam ingressar nos grupos de adultos, fazer a guerra e tomar mulheres.

As principais atividades dos jovens eram a caça, a vigilância contra ataques inimigos, a guerra, as disputas esportivas, as festas e a confecção das armas e das casas. Somente os velhos que já não podiam exercê-las bem participavam dos trabalhos agrícolas com as mulheres.

As meninas levavam vida à parte, junto das mães, ajudando nos afazeres domésticos, na coleta de frutos e raízes, na preparação da chicha e da fibra de folhas de palmeira bocaiúva para a fabricação de cordas para os arcos e de tangas femininas.

Quando uma jovem tinha a primeira menstruação era recolhida a um ranchinho que o pai armava dentro da própria casa e ficava ali alguns dias, sem falar, alimentando-se apenas de água com mel. Na primeira manhã após a menstruação, a mãe entrava no ranchinho, depilava as sobrancelhas e os cílios da moça, cortava seu cabelo e pintava seu corpo com uma tinta feita de urucu e mel; nas manhãs seguintes voltava para lavá-la. Cada tarde ela era visitada pelas mulheres; até então "era uma menina, não sabia nada". As velhas ensinavam durante essas tardes tudo que uma mulher precisa saber, aconselhavam-na a ser calma, a nunca elevar muito a voz e a mostrar-se sempre alegre com todos para ter amigos; diziam-lhe também como cuidar do marido e dos filhos.

Por ocasião da segunda menstruação a moça voltava ao ranchinho, já agora era pintada com urucu e com uma tinta negra feita de penas queimadas e mel. Depois de três ou quatro menstruações com as respectivas reclusões, que iam se tornando menos rigorosas, ela podia casar-se. Daí por diante não precisava ficar em reclusão, mas devia permanecer em casa, onde se dedicava a trabalhos femininos.

Quase sempre o rapaz arranjava mulher em outro bando porque era aparentado com as moças daquele em que fora criado. Depois de casar-se passava a viver com a família da mulher e só voltava à sua aldeia por ocasião das festas. Muitas vezes, quando dois grupos tinham rapazes e moças solteiros, combinavam trocá-los; mas, quando um bando estava muito fraco e não podia dispor dos rapazes sem pôr em perigo sua segurança, os chefes procuravam atrair famílias com moças. Ocorria, também, embora menos frequentemente, o casamento dentro do próprio grupo.

A separação não era muito comum, dava-se quando o marido não se mostrava capaz de sustentar a mulher; então o sogro o expulsava dizendo que deixara a filha a seus cuidados, mas verificara que era mau caçador, incapaz de mantê-la, o que lhe dava direito de arrumar-lhe outro marido.

Tempos depois a moça casava-se novamente; o antigo marido, em geral, continuava vivendo com o grupo até conseguir outra mulher.

A prática de reunirem-se os chefes de vários bandos para destituir líderes que fracassavam por incapacidade ou covardia, tornando seu grupo vulnerável a ataques inimigos, evidencia um alto grau de congraçamento tribal a que não deve ter sido estranho o sistema de casamentos intergrupais.

Para enterrar seus mortos os Ofaié os levavam a um lugar distante, cavavam dois profundos buracos distanciados em um metro e os ligavam pelo fundo. Cobriam essa cova com lascas de madeira dura e lá depositavam o morto enrolado numa esteira, de modo que a cabeça ficasse voltada para o nascente. Colocavam, depois, outras achas de madeira sobre o cadáver, e só então o soterravam. Em seguida quebravam o mato em torno, voltando os galhos no sentido da sepultura até cobri-la. Depois disso os acompanhantes afastavam-se, tomando cada qual um caminho diferente, enquanto o "padre" ficava ali cantando até que se distanciassem bastante. Todavia, se o "padre" ou qualquer pessoa da aldeia sonhasse muitas vezes com o morto, era necessário voltar à sepultura, limpar bem o mato próximo e afastar-se cada qual por um caminho, andando muito para que a alma não os pudesse seguir novamente.

Os parentes mais próximos do morto, sobretudo o cônjuge, pais e filhos, deviam ficar por todo um mês depois do enterramento em reclusão numa casa onde se queimava, durante todo o tempo, um certo cipó aromático. Nessa ocasião os amigos e parentes cuidavam daquela família, provendo-a de água e de alimentos leves como mingaus de milho ou de mandioca, sempre frios; somente a carne de inhambu podia ser consumida pelos enlutados. Enquanto durava o luto não podiam afastar-se da casa, senão amparados por outras pessoas, e a viúva devia ser carregada por um parente.

Mitologia

Devemos a José a maioria dos mitos aqui registrados. Ele é mais loquaz que Otávio, tem grande prazer em narrar estórias e fala um português mais inteligível, embora pitorescamente influído pela sua convivência com paraguaios. Até há poucos anos vivia com nossos informantes um velho Ofaié que era, provavelmente, o último bom conhecedor da literatura oral da tribo; José e Otávio ouviram dele muitas vezes as estórias que nos contaram. Algumas delas são visivelmente incompletas, como a lenda sobre a rivalidade entre o Sol e a Lua e o mito da cabeça rolante.

Embora tenhamos ouvido suas narrações em conversas informais, geralmente à noite, registrando-as na manhã seguinte, procuramos conservar seus maneirismos de linguagem. Apresentamo-las aqui, nessa mesma forma, não porque lhes atribuamos o valor de documentos linguísticos, mas por nos parecer melhor que revesti-las de uma roupagem estranha.

Os mitos ofaié revelam uma acentuada preocupação com as fontes de alimentos. As principais questões que se propõem a responder dizem respeito à origem das caças e das florestas, das plantas cultivadas, do fogo, do mel e às dificuldades de sua vida de caçadores, coletores e pequenos lavradores nômades. A maioria das lendas remonta a uma idade mítica para explicar, através de alegorias, a vida presente e o mundo que os rodeia, lançando mão, quase sempre, de personagens animais dotados de atributos humanos.

Constituem, hoje, uma das melhores fontes para a reconstituição de certos aspectos da cultura ofaié. Através de seus enredos são descritas as antigas vestimentas femininas, os processos de pescaria com veneno e com flechas, a divisão do trabalho por sexo, o regime alimentar e os padrões ideais de relações sexuais e de inter-relações na família. Revelam, ainda, as atitudes do grupo diante do sobrenatural e seus esforços para explicá-lo.

Os gêmeos Kytewé Ximba, o Sol, e Kytewé Geté, a Lua, são seus personagens centrais; a eles se atribui a criação dos homens, diversas transformações e um cataclismo.[14] Os mitos os descrevem com as mesmas características de outras parelhas de gêmeos da mitologia indígena brasileira: um esperto e superior – o Sol, no caso; o outro ingênuo, mais interessado nos destinos humanos e cujas desventuras servem para realçar as façanhas do primeiro. Assim, num mito divulgado por Nimuendaju, a Lua é engolida por uma ema, sendo salva pelo Sol,[15] e noutro as manchas lunares são explicadas pelas desavenças dos gêmeos – o Sol teria queimado o rosto da Lua com um pote de água fervente.[16]

---

14   NIMUENDAJU. *Die Sagen...*, p. 377.
15   Ibidem.
16   Ibidem.

Também nas duas lendas que colhemos sobre esses personagens, eles são retratados como rivais, sendo que a Lua procura proteger os homens, enquanto o Sol os persegue. Uma delas (doc. 1, na p. 110) descreve uma revolta dos homens contra o Sol e suas tentativas para matá-lo que resultaram na transformação dos homens maus em caças e na criação das grandes matas. Nimuendaju refere-se a essa mesma revolta numa versão diferente, segundo a qual o Sol teria castigado os Ofaié, cercando-os com fogo, o que os tornou mais morenos que os outros índios.[17] Na variante que ouvimos, foram os homens que, a conselho da Lua, procuraram matar o Sol, cercando-o com fogo e, como vimos, a alegoria explica a origem das caças e das matas.

Nimuendaju divulgou dois outros elementos desse ciclo: segundo um deles, o Sol criou um homem e o abandonou numa cabana com arcos, flechas e um pote; a princípio o homem tinha filhos e os amamentava pelo cotovelo, mas, vendo o criador que assim a humanidade não progrediria, fez uma mulher da madeira mole de uma árvore (para-tudo), e a ela coube, desde então, ter os filhos e amamentá-los.[18] O outro refere-se a uma mulher que gerava de seu sangue diversos animais, especificando cobras e porcos que os gêmeos míticos deviam abater à custa de grande trabalho; por essa razão eles não deram alimentos a essa mulher, que, por fim, morreu.[19]

Em todos os outros mitos ofaié colhidos por Nimuendaju e por nós, intervêm personagens animais dotados de fala e outras características humanas, aos quais se atribui um grande número de elementos da cultura material. Assim, o fogo teria sido trazido aos homens por um preá[20] que, depois de uma série de peripécias, consegue tomá-lo da mãe da onça (doc. IV, na p. 116); a formiga carregadeira traz aos homens as

---

17 Idem, p. 378.
18 Idem, p. 377.
19 Ibidem.
20 Ibidem.

primeiras sementes de milho;[21] um jaboti lidera todos os animais para conseguir o mel que até então pertencera exclusivamente aos lobos (doc. V, na p. 119). Outras alegorias mostram que os animais guardam segredos que seriam preciosos para os homens: uma lenda conta que as formigas dispõem de roças prodigiosas (doc. VI, na p. 122); segundo outra, as antas se alimentam de frutas melhores que as conhecidas pelos homens (doc. VII, na p. 126); ambos os recursos foram postos à disposição dos Ofaié e perdidos em virtude de diatribes femininas.

A hostilidade à mulher é um dos traços mais acentuados da literatura oral ofaié. Como consequência da curiosidade dos deboches das mulheres, os homens tornam-se mortais (doc. III, na p. 114) e perdem muitos bens de cultura (docs. VI, VII, VIII e IX nas p. 122-132). Diversas lendas frisam essa atitude, e uma delas descreve com grande riqueza de pormenores e manifesta maldade a lubricidade de uma mulher que se tornara amante de uma anta (doc. XI, na p. 134).

Nimuendaju colheu uma lenda sobre a origem da morte que difere da que registramos aqui (doc. III). Em sua versão a morte surgiu quando uma jararaca, que até então fora gente, começou a emanar seu fedor. Nesse momento, várias pessoas caíram mortas e o malfeitor transformou-se naquele animal.[22]

O animismo ofaié se manifesta também na lenda sobre o dono e protetor das caças que castiga aos que as maltratam ou desperdiçam (doc. X). Mas é ainda a Nimuendaju que se deve algum conhecimento sobre as concepções dos Ofaié a respeito do além-túmulo: creem que "as almas dos mortos vão para um belo lugar aqui na Terra, onde há muita caça; daí vagueiam, sempre acompanhadas de animais, e mandam caças aos seus protegidos e aos desafetos mandam feras pelas quais perecem. Frequentemente essas almas são inimigas dos vivos, porque as crianças

---

21   Ibidem.
22   Idem, p. 378.

mortas (os Ofaié praticavam o infanticídio) lhes contam como foram maltratadas na Terra".[23]

O mesmo autor teve ocasião de assistir a danças que não podiam ser vistas pelas mulheres, no decorrer das quais o líder religioso conjurava as almas dos mortos e, quando um bailarino tombava exausto, se dizia que uma alma tomara o seu lugar, substituindo-o na dança.[24] Manizer refere-se a danças de homens em que o ritmo era marcado por maracás e que, a seu juízo, teriam caráter religioso.[25]

Nimuendaju ouviu ainda dos Ofaié que seus antigos xamãs sabiam evocar os Faí. Estes seriam dois irmãos míticos que lhes apareciam sob forma humana, vestidos com tangas (os homens Ofaié andavam sempre nus) e ricamente ornamentados, para repartir com eles seus adornos de contas. A semelhança do nome Faí com o pai dos Guarani e a referência a tangas masculinas sugeriram a Nimuendaju a hipótese de que essa lenda se tivesse originado de uma visita histórica de pajés Guarani.[26]

Música

Durante nossa permanência junto aos Ofaié, assistimos a uma dança e gravamos alguns cantos femininos. Foram entoados pelas mulheres adultas do grupo, enquanto dançavam, avançando e recuando com as mãos dadas, ao ritmo da litania. São cantos sem palavras em que o efeito de coro é conseguido apenas pela diferença de vozes.

Na noite em que os ouvimos, elas nos disseram que aqueles eram os cantos dos animais na época em que tinham forma humana e que, depois de sua transformação, foram adotados pelas mulheres para cantar durante as festas quando se bebe a chicha.

---

23   Ibidem.
24   Ibidem.
25   MANIZER. Música..., p. 310.
26   NIMUENDAJU. op. cit., p. 378.

Uirá sai à procura de Deus

Transcrevemos nas páginas 106 e 107 as notações musicais e a seguir a análise de quatro desses cantos que D. Helza Cameu teve a bondade de preparar para este trabalho. O primeiro seria, na referida idade mítica, o canto da irara (Hé-iákô); o segundo, do bugio (Her-tôu); o terceiro, do tucano (Djé-tahéte); finalmente, o quarto é chamado "Olho de Machado" (Kitô-eté) e não tem significação mítica.

"Nos cantos de dança dos Ofaié nos deparamos com música em estado elementar, na qual os motivos musicais, de pequena extensão, sempre repetidos, não permitem suspeitar de uma escala básica.

"O desenho melódico, na maioria dos cantos, não ultrapassa o intervalo de quinta justa, procedendo, geralmente, por intervalos de segunda e terceira, sendo os de quarta e quinta justas motivados pela volta regular do mesmo desenho.

"Isso não impede que encontremos modificações rítmicas da ideia melódica, como no canto n. 3, no qual a célula **a** transforma-se em **b** e **c**. Nesse mesmo canto há a repetição de uma segunda maior, durante cinco compassos, com as variantes já apontadas, preparando um outro desenho de maior relevo, o qual mais adiante (compasso 10) passa a se apresentar em combinação com o primeiro.

"O canto n. 2 é o que apresenta maior extensão (uma oitava) e desenvolvimento. Verificamos em seu desenho a repetição frequente de combinações que correspondem aos acordes perfeitos: dó sustenido, mi, sol sustenido e fá, lá, dó sustenido, sons que, combinados, darão aparecimento a outros acordes pertencentes ao tom de si maior.

"Se respeitarmos a ordem dos intervalos no movimento melódico, facilmente encontraremos uma outra escala – mi, fá sustenido, sol sustenido, lá sustenido, si, dó sustenido, ré sustenido e mi –, que é exatamente um dos modos eclesiásticos ou lídio.

"Mas, sob o ponto de vista tonal, nada é possível adiantar tendo como base tão parcos elementos.

"O que, desde logo, podemos afirmar é que cantam dentro de intervalos maiores, menores ou justos, perfeitamente afinados, não sendo encontradas, pelo menos nos quatro cantos estudados, alturas imprecisas, oscilantes entre sons limites do semitom.

"Todos os coros são sem palavras, apenas apoiando-se num jogo de vogais e sílabas.

"Sendo a língua ofaié gutural e áspera, não foi sem surpresa que observamos que as vogais e as sílabas, embora destacadas, na maior parte das vezes são emitidas brandamente, permitindo assim um som musical apreciável.

"Cantando os sons, separados ou ligados, são obtidos efeitos sonoros diferentes que vêm atenuar a pobreza da ideia musical.

"Também como repouso e preparação à volta do motivo único, encontramos a parada sobre o som mais agudo do desenho, sob várias formas: isolada, bordada por grau superior ou inferior (P), precedida por **appoggiatura** superior ou inferior (O).

"O ritmo sendo para dança é uniforme, não oferecendo interesse especial.

"O canto é em uníssono, e as diferenças de altura que podem ser notadas não passam de desajuste de vozes entre as coristas e nunca segunda voz.

"Sendo um grupo em processo rápido de completa extinção e do qual já não é possível obter documentos mais expressivos, somente podemos apontar como parte das possíveis características: canto constituído por tema curto, sempre repetido, sem conduzir claramente à conclusão, de caráter vivo, apesar do movimento descendente preponderar; ausência de intervalos dissonantes ou de sons imprecisos."

Textos míticos ofaié

I – Quando os Ofaié se transformaram em animais

Este Sol andava sempre de intriga com este Lua, tudo era gente naquele tempo. O Sol sabia tudo, era mesmo sabido, não tinha coisa que atrapalhasse, sabia fazer tudo que queria.

Este Sol era o chefe dos homens, mas era bem ruim, não prestava mesmo; este Lua não, já era do lado dos homens, ajudava eles contra o Sol.

Não tinha caça nenhuma, não tinha nada no mato, os homens corriam aquele mato todo e não achavam nada. Não tinha recurso, estava tudo bem ruim pra eles. Este Sol chamava os homens pra caçar no mato, levava todos, mas era só pra fazer malvadeza com aqueles coitados. Eles cansavam de acorrer o mato e não achavam um nada que comer, voltam feito loucos de brabos.

Eles queriam matar este Sol, a Lua tava do lado dos patriciada; mas ninguém podia com o Sol, ele sabia tudo. Quando os homens iam pro mato, arrodeavam o chefe deles e toma flecha nos olhos, na boca, no corpo todo, o Sol caía morto, só falava assim:

– Coitado de mim, agora já morri mesmo.

Mas era só aquele pouquinho, quando os homens voltavam pra casa... que tempo que ele já estava lá deitado na rede, bem dormindo. No outra dia tornava a levar aqueles patrícios pra caçar.

Aí este Lua ensinou os patriciada a fazer roda de fogo pra matar o Sol. Os homens chegaram no mato seco, arrodearam o Sol e tocaram fogo no mato. Este Sol já estava perdido, todo arrodeado de fogo. Mas ele arranjou um jeito de aparecer uma lagoa ali no meio e entrou dentro d'água. Chegou lá no toldo bem antes dos homens. Aquelas velhas estavam chorando:

– Coitado de meu filho, olha este fogão que está aí no mato, já está tudo morto; estão morrendo queimados.

– Que nada, vó, eles estão muito bem, aquele fogo é do moquem, estão moqueando veado, mataram muito veado, espera que você vai ver chegar gente carregada de churrasco.

Os homens voltaram, este Sol tava lá, que tempo que ele já tinha chegado. Ficaram brabos, mas ninguém podia mesmo com este Sol.

Este Sol andava querendo fazer os homens virarem bicho, este Lua não queria, falava assim:

– Coitados, larga eles, pra que virar bicho?

– Que nada, irmão, é só os mais ruins, vou levar e fazer tudo virar bicho.

Este Sol chamou os patriciada, falou que iam num mato que estava cheio de fruta boa. Eles estavam morrendo de fome e foram atrás deste Sol.

O Sol primeiro achou uma jaboticabeira e mandou aquela patriciada subir pra chupar fruta; eles subiram e chuparam, chuparam. Mas não deu pra matar a fome.

– Ainda não chega, vamos adiante, lá tem fruta muito mais melhor.

Acharam outra jabuticabeira bem carregada, os homens subiram pra chupar jabuticaba, estavam lá em cima e este Sol tava no chão. Aí ele pegou um pau e começou a balançar debaixo da jabuticabeira como uma ventania, os homens balançavam quase caindo lá de cima, gritavam, mas não tinha jeito, o Sol não parava. Aí eles pegaram uma cordinha e uns começaram a amarrar os outros lá nos galhos pra não cair. Este Sol foi e fez uma coisa e cada patrício virou um bicho. O que virou anta era muito pesado, caiu e saiu correndo, os outros que caíam iam virando este quati, essa cotia... O Sol falava:

– Agora ocê é cotia; aquele virava cotia.

– Agora ocê é quati; aquele virava quati.

Os que caíram no chão viraram bicho, os que ficaram em cima viraram macaco, e para escapar pularam nas outras árvores. O último virou este bugio e gritou de lá pro Sol:

– Ocê me paga, desgraçado, corno, ocê me paga. Ocê fez nós virar bicho, mas também ocê vai ver.

O bugio começou aí a puxar os paus, fez crescer um exagero. Aí ficaram estas perobas, este cedros altos deste jeito. E pegou os galhos dos paus e trançou tudo em cima, fechou o mato todo. Antes era tudo baixinho e limpo, o bugio estragou tudo.

Aí o Sol chamou os homens para caçar outra vez, levou ele e disse:

– Ó meus filhos, agora podem caçar, tem muita carne aí neste mato.

Os homens estavam com medo, o mato tinha crescido demais, tava fechado. Mas tinha caça, era bando de macaco que não acabava mais, pulando nos paus, tudo que era bicho tava ali.

O Sol negaceava o macaco, chegava perto e flechava pra ensinar os homens a caçar.

Agora tinha bastante caça ali.

II – A rivalidade entre o Sol e a Lua

Naquele tempo este Sol e este Lua também era gente que nem nós. Andavam aí os dois irmãos, mas tavam brigando toda hora, porque este Lua era muito teimoso. Este Sol saía para caçar e corria aquele mato atrás de bicho; quando voltava carregado de caça, este Lua já queria ir também para caçar mais do que ele. Este Sol falava:

– Ocê não faz isto, um dia ainda arranja uma porcaria pra nós. Ocê não sabe nada, tem muito perigo aí, um dia ocê ainda morre.

– Que nada, ocê não caça? Ocê não corre estes matos? Eu também posso, tá pensando que eu sou mais lerdo que ocê. Espera que já vai ver.

Um dia este Sol saiu, falou que ia na baía comprar umas flechas, não deixou este Lua sair com ele.

– Eu quero ir solito, ocê fica aí, eu já volto com bastante flecha.

Os patriciada tava tudo pescando na baía. Nós pescamos com este cipó jaguatimbó, cada um leva dois maços, na baía a gente maceta e joga dentro d'água, logo o peixe plancheia, a baía fica coalhada. Aí a gente arrodeia prá ir pegando e ajuntando os peixes. Quando só fica tonto, a gente tem que flechar.

Este Sol foi lá arranjar uma flecha. Virou um dourado bem grande e ficou dentro d'água, mas antes de mergulhar arrumou muita casca deste angico, peroba, tudo casca grossa, e pôs em cima do corpo, só deixou o dourado aparecendo por fora. Ia lá aquele dourado pra perto da patriciada e nadava perto deles, virando aquele rabão fora d'água. Os patrícios tocavam flecha nele, aí este Sol nadava ligeiro, ia lá onde ele tava juntando as flechas e guardava aquelas. Ficou até de tarde, os patriciada estavam loucos atrás daquele dourado, jogavam as flechas, viam entrar no dourado e saíam atrás com canoa; que nada de dourado, ninguém pegava. Quando não tinham mais flechas, começaram a jogar os arcos como lança em cima daquele dourado. Aí este Sol foi s'imbora, carregando aquela porção delas. Quando o irmão viu já ficou com vontade de ir ganhar flecha e arco.

— Eu vou lá, ocê vai ver quanta flecha eu vou trazer.

— Não vai, meu irmão, ocê não sabe de nada, eles pegam ocê lá. Tem muito perigo, pra que ir lá? Fica aí.

— Que nada, ocê não foi? Tá pensando que eu sou mais besta que ocê?

— Cuidado, meu irmão, ocê ainda vai morrer lá.

— Que nada!

Este Lua saiu pra baía, mas não era sabido que nem o Sol. Virou um dourado mas só pôs casco mole, casca fina, por cima do corpo pôs este aracatiá.

Aí este Lua sumiu, não voltava mais, passou tempo. Este Sol virou uma abelha mamangava e foi procurar o irmão. Chegou no toldo da patriciada e ficou rodeando, voou em cima de tudo que era osso de peixe, soprava a poeira deles, batendo as asas e olhando, foi em tudo que era casa, juntando os ossinhos do peixe que era o irmão dele.

(Como é que ele fez voltar este Lua, Otávio? Estou esquecido.)

III – Como surgiu a morte

Tem sempre um que atrapalha tudo, só vem estragar o que é bom, deixa o que não presta pros outros. Tem uma estória nem tem mais tempo de tão antiga. É do tempo que nem era pra ter morte mesmo.

Os homens andavam por aí, correndo estes matos sem parada. Naquele tempo esta sucuri era bem feia mesmo; um dia pediu à meninada para enfeitar o corpo dela. Os meninos subiram brincando fazendo estes enfeites que ela tem até hoje. Aí quando todos estavam em cima dela, a cobra foi com eles pra lagoa. Levou toda aquela gurizada lá pra dentro. Mas dentro da lagoa tinha um movimento bonito, tinha de tudo lá: caminho limpo, mato, casa. Aquela gurizada ficou brincando bem alegre.

Mas os pais procuraram a meninada em todo lugar. Não sabiam o que era morte, estavam tristes, um olhava pro outro e perguntava assim:

– Onde que esta sucuri levou uma criançada?

Ninguém sabia. Tinha morrido aquela criançada, mas tava bem alegre, brincando no fundo da lagoa. Era ali bem junto daquele toldo, mas ninguém sabia onde.

Os pais já ficaram feito loucos, saíam andando por estes matos procurando os deles, gritavam chamando os meninos. Não paravam de andar, campeando os filhos. Só paravam para pedir a Deus, pediam muito, queriam era ver os filhos deles, de certo os coitadinhos tavam sofrendo fome e frio, nestes matos cheio de bicho brabo. Pediam a Deus para ver os filhos que tinham morrido, mas eles não sabiam que estavam todos mortos.

Andando, andando, um homem deu num lugar de uma lagoa seca, aí começou a ouvir a gritaria de uma meninada brincando. Aquele coitado do homem corria de um lado pra outro, procurando o lugar, de certo eram os meninos que estavam escondendo dele ali. Quando ele ia pra um lado pensando que era lá, a gritaria saía do outro lado, o homem corria feito louco.

Aí Deus apareceu pra ele naquele lugar. Conversaram lá.

– Sua meninada tá boa, tá só brincando, lá tem de tudo. Eles tão bem, ocê pode ir ver mas não tem que levar mulher alguma, só homens é que podem ir ver a criançada que morreu. Ocê cavoca este barro seco aí e já vê a criançada, tá tudo aí mesmo.

O homenzinho já foi cavacando, tirou uma lasca daquela lama seca e já viu lá dentro aquela boniteza, tudo conversando, brincando, tudo alegre. Quando os meninos viram aquele homem, já foram arrodeando. Logo ele achou a gurizada dele, perguntava tudo, achavam tudo bom. Aí foi chegando mais meninada, chegava e já perguntava:

– Ó homem, ocê num cunhece meu pai, não? Vai chamar ele, coitado; fala que estou bem, manda ele aqui pra buscar nós.

O homem conhecia os pais daquela meninada toda e disse que já ia chamar. Aí os guris dele mesmo falaram assim:

– Mas fala pra minha mãe que ela tem que esperar lá mesmo, mulher não pode chegar aqui não. Só os homens. Nosso pai tem que carregar nós pra casa, lá é que vamos ver nossa mãe. Elas que esperem mesmo é lá.

Assim fez o homem, saiu logo pra avisar os outros. O toldo deles tava por ali mesmo. Quando o homem chegou, a notícia correu logo: que era pra todos os homens saírem de madrugadinha no outro dia, pra trazer a criançada que tinha morrido. Mas as mulheres não podiam ir com eles; era pra esperar ali mesmo.

No outro dia saíram, estavam todos alegres, iam correndo, largando flechas de pelota por ali e correndo atrás para alcançar; iam depressa. Foram caminhando, e o sol foi esquentando. Era aquela alegria no meio dos homens. Nessa hora eles escutaram uma risada de mulher, pararam para assuntar bem. Não tinha mulher no meio deles, olharam uns nos outros, aí eles viram uma mulher ali. Ela tinha feito uma coisa de homem com cera e pendurado lá no meio das pernas dela. Mas o calor do sol tinha derretido aquela coisa, os homens falaram pr'aquela mulher largar deles, ela não podia ir.

– Ora, ocês podem ver nossos filhos, por que é que mulher não pode? Eu quero é ver logo minha gurizada, vou lá também.

Aí foram com aquela mulher no meio deles. Quando foram chegando no lugar, a coisa que a mulher tinha pendurado já estava toda derretida, ela deu uma risada e foi aquela homenzada toda virou urubu e saiu correndo. Agora ainda é assim, quem morreu morreu mesmo, acabou, que ninguém não vê mais.

IV – A origem do fogo

Tinha uma velha, mãe da onça, ela era a dona do fogo. Todos os bichos queriam o fogo e juntaram para tomar o tição da velha. O mundo era frio e ninguém tinha fogo. O chefe dos bichos, então, mandou o tatu tomar o fogo da velha. Ele foi, quando chegou, disse assim:

– Ó vovó, estou com frio, deixa eu esquentar um pouco aí no fogo.

– Como não, meu neto, pode chegar, deita por aí como quiser.

O tatu deitou. Depois ele começou a coçar a velha para ela dormir, fez cócegas no sovaco dela e viu que o corpo da velha estava mole, já tinha dormido. Aí o tatu pegou o tição de fogo e saiu correndo. A velha acordou e assobiou alto para seu filho que era a onça. Aquela onça pegou o rastro do tatu e saiu correndo atrás, logo pegou e tomou o tição.

Então o chefe dos bichos mandou a cotia. Ela chegou e disse assim:

– Ó minha avó, deixa eu esquentar um pouco no seu fogo, por aí tá muito frio.

– Como não, meu neto. Pode entrar, até dormir aí se quiser.

A cotia entrou e sentou perto do fogo. Mas aquela velha logo pediu para a cotia fazer cócegas nela. A cotia começou a fazer cócegas e logo a velha roncou, já estava dormindo. A cotia pegou o tição, saiu correndo; aquela velha acordou, deu um assobio alto e a onça já sabia o que era, nem farejou, era um caminho só e ela foi esperar a cotia lá adiante. Pegou a cotia e tomou o fogo dela.

Esta estória é muito comprida, foi lá roubar o fogo tudo que era bicho; foi anta, macaco, bugio, tudo. Mas ninguém podia com a onça. Engraçado, quem pegou o fogo foi um bichinho à toa, ninguém importa com ele. Foi este preá. Ele falou: "agora eu já vou trazer este fogo" e foi, quando chegou lá ele disse:

– Bom dia, vó, como vai por aqui, eu já vim pra levar este fogo.

E foi pegando o tição e amarrando no pescoço, a velha disse:

– Que nada, preá, meu filho é muito brabo, ele pega você logo. Larga o tição aí.

Mas o preá foi saindo, só disse:

– Até a volta, vó, eu já vou.

A onça já estava acostumada a pegar os bichos, e quando ouviu o assobio foi esperar na batida. Mas o preá deu uma volta, passou por trás da onça e foi cortando este mato aí. A onça viu que o preá não passava e foi farejar o rastro para seguir. Andou muitos dias atrás do preá, mas nunca achava, quando chegou no lugar de pouso do bichinho, ele já estava longe, a cinza já estava fria, quem sabe quantos dias ele já tinha passado ali. A onça continuou procurando. Aí ela alcançou a barranca de um rio grande que fica pra lá (Este); acho que é este Paraná, e viu a fumaça do tição; o preá já ia atravessando pelo meio do rio. A onça pulou n'água e foi nadando; quando o preá chegou na barranca viu a onça, aí parou e disse:

– Tá bom, agora nós vamos conversar mesmo.

A onça foi saindo e respondeu:

– Pois é, meu filho, ocê fez uma besteira. Foi lá tirar o fogo da velha. Prá quê? Agora temos de conversar mesmo.

Isto o tição tava ali no chão queimando, ficando mais leviano para carregar.

– Pois é, meu tio, agora vamos gastar um pouco nossa sabedoria. Agora que você não tem mais este fogo, vai precisar de um jeito.

Mas este preá também já andou errado, atrapalhou todas as coisas e nos prejudicou até hoje. Já arranjou besteira para falar com a onça. Disse:

– Ocê não tem mais fogo, mas não precisa dele. Agora ocê já pode começar a tomar sangue cru mesmo, é até muito mais melhor. Refresca o corpo e é bom prá tomar.

Conversaram muito, aí a onça falou:

– Pois está bem, ocê já me ensinou como é que toma sangue e eu quero experimentar, quero ver se é bom mesmo. Tou com o corpo quente e quero ver se refresca. Já vou tomar seu sangue.

– Não, meu tio, espera aí. Fui eu que ensinei isto, não é para tomar meu sangue, ainda não. É fácil. Aí tudo tá cheio de gente. Ocê fica espreitando na batida e pega um fácil.

Este preá era bem atrapalhado, viu o que ele foi arranjar pra nós? Agora estamos penando com onça, não precisava disto.

A onça queria mesmo experimentar o sangue dele. Preá já estava bem apertado. Ela pulou e agarrou o focinho dele com a unha. Já viu focinho de preá como é? Pois foi a unha de onça que encurtou.

A onça ensinou tudo pr'aquele preá.

– Agora ocê já tem fogo, tudo fica mais melhor. Ocê pega uma onça, não tem que perder ela. Se ocê está apurado é só moquear: é só fazer um braseiro, armar um pau por cima e pôr a carne ali, fica muito mais melhor. Se ocê tem muito tempo, então assa ela: faz um buraco no chão, acende bastante fogo ali e põe a carne dentro. Tapa ela com palha de pindó mesmo, põe terra por cima e umas brasas por cima da terra. Já tem carne boa, assada.

Ensinou tudo até fazer fogo quando acabasse o tição.

– É só pegar um pauzinho bem seco e esfregar com a mão, em cima de outro pau, esfrega bastante que sai fogo. Pega estes cachos bem secos de pindó, põe no pilão e esfrega um pau seco neles, dá fogo ligeiro.

O preá aí saiu pra este mundo, tocando fogo em tudo que era mato e campo seco. O pai do preá tava em cima de um espigão, e logo o fogo chegou lá. Ficaram todos alegres fazendo festa para o preá. A gente anda aí neste mato e vê cada queimada velha que não tem nem tempo, cada pau queimado que já está podre; é daquele preá.

V – A origem do mel

Um tempo não tinha mel, só este lobo é que era dono do mel. Todo dia os filhotes dele amanheciam com o peito todo lambuzado de mel, mas ele não dava pra ninguém provar. Todo bicho ia lá pedir, e nada. A criançada pedia e o lobo dava este araticum, dizendo que era o mel que ele tinha.

Um dia aquele jaboti pequeno disse que ia atrás daquele mel e que ia trazer para todos. Aí reforçou bem aquele osso da barriga dele e foi. Entrou na toca do lobo e foi dizendo:

– Eu já vim experimentar este mel que ocês têm aí.

O lobo respondeu:

Que mel nada, nós não temos mel nenhum, onde é que você ouviu falar isto?

– Ora, lá no meu lado todo mundo sabe que aqui tem mel, e eu quero provar dele.

– Pois tem mesmo, deita aí debaixo desta porunga e chupa o mel que ocê quiser.

O jaboti deitou de barriga pra cima e começou a chupar o mel da porunga. Quando o lobo viu ele assim, chamou os filhos e mandou trazer lenha.

– Agora nós vamos comer este bichinho aí, e logo.

Tocaram fogo, tocaram fogo, mas nada, o bichinho só tá chupando mel. O lobo já estava mal, tocava fogo e o jaboti só chupando mel.

Quando a porunga roncou não tinha mais mel, o cágado tinha chupado todo. Aí ele virou, espalhou as brasas por ali tudo e disse:

– Bom, agora que eu já provei, ocês têm que dar o mel pra nós.

O lobo saiu fugindo. A bicharada toda, junto com aquele jaboti, saiu atrás. O jaboti era o chefe deles. O lobo foi parar bem no meio de um sapezal. Aí o preá fez roda com os bichos e tocou fogo. O fogo foi apertando, apertando, o jaboti não tirava os olhos de lá. Logo os bichos falaram:

– Ora, não tem lobo nenhum, o que saiu foi uma perdiz.

O jaboti sabia que era o lobo que tinha virado perdiz e não tirou os olhos dela para ver onde ia pousar. Os bichos todos já tinham perdido o rumo dela, menos aquele jaboti, ele estava vendo ela voar longe e disse:

– Vamos, não está longe, está assentada naquele pau ali.

Foram andando, levaram muitos dias, os bichos diziam que já tinham perdido o rumo da perdiz, era melhor largar daquilo e tratar de arranjar outro recurso por ali.

Qual nada, o jaboti sabia onde ela estava parada, quando foram chegando a perdiz viu e voou, mas voou muito mesmo. O jaboti só pediu para um bicho maior suspender ele na cabeça e foi olhando. Viu a perdiz virar abelha e sumir longe. Aí pegou uma estaca e fincou no chão para marcar o rumo. Chamou a bicharada para ir atrás. Foram andando, andando. A bicharada tava desacorçoada. Ninguém acreditava que ia achar nada.

– Já perdemos o rumo, é melhor voltar prá trás ou ficar aqui mesmo. Quem sabe lá para onde foi.

– Que nada, nós só andamos três meses; já estamos bem perto do meio do caminho. Olha lá onde está a estaca, o rumo é este mesmo.

Olhava para trás e mostrava o pindó lá marcando o rumo. Aquele pau que ele fincou tinha virado um pindó. Andaram, andaram, aí um dia o cágado disse:

– Bueno. Podemos pousar aqui. Hoje não dá mais para chegar. Mas amanhã ali pro meio-dia nós estamos lá.

No outro dia chegaram. Mas bem na frente da casa das abelhas estava um maribondo de cupim destes que não deixam ninguém chegar perto. Tudo que é passarinho foi experimentar, mas quando um ia chegando os cupins atacavam, largavam aquela água deles e o bicho caía tonto, pra morrer. Quando foram todos os bichos, este pica-pau (beija-flor) bem pequeno, este menorzinho deles, virou e disse:

– Ó meu pai, eu já vou lá tirar este mel pra nós.

Aquele bichinho é bem ligeiro, ele foi voando, chegou, começou a fazer roda que nem disco destes vitrola em cima do cupim, os maribondos não alcançavam ele pra ferrar. Tirou bem o mel que quis. O jaboti aí falou bem alegre:

– Pois bem, meu filho, agora já temos mel, é pouco, se for comer agora acaba tudo e acabou.

O jaboti foi pegar o mel e dar uma muda para cada um fazer uma casa por ali e plantar. Quando tivesse bastante eles voltariam.

Foi s'imbora aquela bicharada. Passado muito tempo, começaram a perguntar das roças que tinham plantado para dar mel. Pediram esta maritaca para ir lá olhar pra eles se já tinha bastante. Maritaca foi, mas não aguentou o calor, voltou e disse:

– Que nada, que nada, o calor é demais, lá tem seca brava, não deu pra eu chegar lá.

Depois pediram ao papagaio pra ver, mas ele logo achou um pé de mangaba e ficou por ali mesmo parado. Quando voltou disse que o calor era muito e não tinha deixado ele chegar. Depois foi esta arara-

-azul, mas ela achou uma mata bem bonita e ficou lá mesmo, voltou e disse também que estava quente demais pr'aquela viagem.

Aí foi o periquitinho, este pequeno, voou bem alto pra cima, quase chegou no céu, aí voou direito para onde estava aquelas roças. Chegou, olhou bem e voltou.

– Tem muito mel. As roças deram demais.

Aí o chefe foi ver se era mesmo. Chegou lá e olhou as casas, muitos tinham comido o mel que ganharam para plantar, estes não tinham nada. Outros tinham bastante, mas enterrado no chão bem rasinho, era fácil de tirar.

– Isto vai acabar é logo e ficamos sem mel nenhum.

Aí ele pegou as abelhas e largou no mato. Voltou pra dizer pros outros:

– Não tem quase mel, é um nada, acaba logo; espera um pouco e vai dar mais mel pra todos.

Passou tempo, passou tempo, aí um dia o chefe chamou todos e disse:

– Agora ocês já podem pegar seus machadinhos e melar. O mato está cheio, tem de tudo, este mel borá (será que ele só dá por aqui em nossa terra), mandaguari, jati, mandaçaia, caga-fogo, tudo. Vocês vão andando se não quer um mel, anda mais e encontra um pau, já tem outro. Pode tirar quanto quiser que não acaba, mas tira só o que for ocupar, pode levar poranga, tudo que é tareco. O que não for ocupar deixa lá mesmo, tapa bem o buraco e deixa guardado para pegar outro dia.

Até hoje nós temos bastante mel, é por isto. Quando a gente vai roçar, acha eles. Num pau é borá, noutro é mandaguari, noutro é jati, todos.

VI – A mulher que casou com a saúva

Tem sempre um que estraga tudo, a vida seria bem fácil se não viesse algum aprontar atrapalhada. Tem o caso da formiga cabeçuda.

Uma moça um dia foi andando, procurando algum recurso para levar pra casa. Chegou num lugar e viu uma formiga destas cabeçudas:

– Que tá fazendo aí, moça?

– Tou procurando um recurso para viver.

– Então vem aqui comigo.

E a formiga cabeçuda levou a moça pra dentro do formigueiro. Naquele tempo tudo que é bicho era como gente mesmo. A moça foi entrando e viu aquela boniteza. Lá dentro era como um caminho bem limpo. Foi andando com a formiga cabeçuda, ela ia mostrando pra moça as roças, tinha tudo que era plantação, deste milho saboró tava cheio. A formiga cabeçuda mostrou:

– Olha, deste lado de cá é a minha roça, do lado de lá da estrada é a roça de meu pai.

A moça foi olhando aquilo tudo, passeando com a formiga cabeçuda. Os pés de milho eram baixinhos, nem tinham folhas; era só aquela espigona de saboró.

O pai da moça ficou procurando a filha dele. Procurou muito, depois largou, pensou que decerto ela já estava longe ou já tinha morrido porque ninguém mais viu. Largou de mão, até esqueceu daquela filha.

Um dia ela apareceu sozinha lá na casa. Quando foi chegando viu o irmão, tinha um irmão, ele gritou assim:

– Ó meu pai, vem vê minha irmã que está chegando, ela não tem mais cabelo nenhum na cabeça.

(A formiga cabeçuda tinha cortado o cabelo da moça.) O pai disse:

– Deixe de bobagem, ocê não tem mais irmã, não sabe que ela sumiu, faz tanto tempo. Quem sabe pra onde, ou se já morreu até...

O irmãozinho tornou a chamar aí veio a mãe e viu a moça; chamou o pai e todos foram encontrar a moça.

– Ó minha filha, pra onde é que você andava? Quem fez isto com você? Antigamente quando morava aqui, ocê não era assim.

Aí a moça contou que tinha ido buscar recurso e achado um lugar que era uma beleza, tinha de tudo, fartura mesmo, tudo era fácil, não faltava nada. E que até ia trazer algum ajutório pra eles. Os velhos já queriam saber onde era este lugar que tinha de tudo, onde a filha ficou tanto tempo. Ela não falava era nada. Só falava assim:

– Eu não posso contar. Está aqui tão junto que ocês nem podem saber, mas eu não tenho licença para falar nada.

Aí a moça voltou pro formigueiro. Lá um dia o pai daquele formiga cabeçuda chamou ele e falou:

– Ó meu filho, vai lá onde estão os parentes de sua mulher, vai ver como eles estão passando; olha se têm recurso como por aqui, mas não precisa levar nada por agora. Eu vou arranjar tudo fácil para eles. Mas não se importe se eles debocharem de você, tenha paciência. Para lá uns três dias e depois me vem contar. Quero ajudar eles, quando chegar fala com seu sogro para ir derrubar o mato para fazer uma roça, só isto. O resto nós ajudamos.

A formiga cabeçuda foi com a moça, quando ia chegando, lá da casa já viram os dois. A moça foi na frente dizer que o marido dela vinha chegando. A mãe foi olhar, quando viu aquele formiga cabeçuda carregado com um cargueiro de carne assada, cambaleando e com a bunda arrastando de tanto peso, deitou a rir. Debochou muito do formiga cabeçuda, mas ele ficou calado, o pai já tinha recomendado que não importasse com deboche. Chegou na casa e ficou por lá escutando os deboches da sogra. Disse pro sogro ir plantar roça e de tarde perguntou pra mulher onde é que estava o pai dela, para ir comer churrasco.

– Está lá pra roça, tá derrubando.

Ele aí falou que no lugar dele não era assim, ninguém trabalhava o dia inteiro. Pediu pra ela ir chamar o velho, ele não podia passar o dia inteiro sem comer. Mas ficou sabendo que o sistema dos homens era assim.

No outro dia o formiga cabeçuda saiu cedo e disse que ia plantar a roça. Foi lá onde o sogro tinha derrubado, queimou o mato e já foi plantando. Pegou a flecha de pelota e foi atirando pra cima, onde caía nascia um saboró já com espiga madura. Foi jogando pelota por ali tudo, até encher a roça do sogro de tudo que era mantimento. Voltou para casa e foi descansar e dormir. Quando acordou no outro dia bem cedo, disse para a mulher:

– Ó mulher, vai lá chamar sua mãe para ela ir colher milho verde na roça, quero comer pamonha e beber chicha hoje.

A moça foi e disse prá mãe dela:

– Ó mãe, o meu velho está dizendo pr'ocê ir apanhar milho verde na roça para fazer pamonha e chicha pra ele.

A velha ficou debochando, disse que a filha tava era louca e aquele formigão bundudo também. Não sabia por que um formigão daqueles queria pegar uma moça para casar, não era capaz de fazer um nada.

A moça voltou e o formiga cabeçuda tornou a mandar recado para a sogra:

– É preciso apanhar logo aquele milho, daqui a pouco já está duro e não dá mais pamonha. Vai dar fubá e muitas coisas, mas precisa apanhar agora para ter milho verde.

A moça tornou a falar com a mãe, ela só debochava, dizia assim:

– Ora veja, seu pai foi roçar ontem, ainda tem fogo lá nos paus, como é que aquele formigão agora está querendo milho verde, vai demorar para ter milho verde.

Aí o formiga cabeçuda voltou e contou pro pai, o velho dele foi e disse assim:

– Agora eles têm que andar correndo estes matos aí, comendo tudo que achar porque vai custar uns seis meses até as espigas crescerem.

Aquela moça com a família toda saíram aí por este mato. Até hoje ainda é assim.

VII – O homem que casou com a anta

Um rapaz foi caçar e viu um rastro de anta, seguiu ele, tava bem fresco. Logo ele achou a anta lá, dormindo. Pegou uma flecha boa e atirou nela, a anta virou uma moça e sumiu; mas ele não viu nada.

Ficou procurando a anta até escurecer. Já era de noite quando voltou pra casa. O pai dele chamou pra caçar num lugar que sabia, mas o rapaz falou:

– Não, meu pai, eu vou é procurar aquela flecha. É minha flecha de estimação, tenho que achar.

– Ora, meu filho, larga-mão-disso, é só esta madeira que nós temos? Não é. O mato tá cheio, vem comigo, ocê faz outra flecha.

– Que nada, meu pai, eu vou é atrás daquela flecha, não quero largar tareco meu aí extraviado neste mato.

Aí o velho falou pra mulher assim:

– Deixa ir, tem que quebrar a cabeça mesmo pra aprender, decerto eu era assim também quando era moço.

Sumiu aquele rapaz, passou um dia e o pai foi atrás. Andou tempos e só achou o lugar onde o filho tinha passado, tava sempre naquele trilheiro da anta. Aí o velho voltou chorando pra casa:

– Não tem jeito, sumiu este nosso filho.

Passou tempo, passou tempo. Aí, um dia, este rapaz chegou lá na casa, encontrou a irmã no terreiro e ficou conversando.

– Pois eu tou bem, ocê não vê? Lá tem de tudo, tem fruta que ocês nem não conhece, recurso bom pra gente viver fácil. Eu vim aqui foi pra ensinar um recurso bom pra ocês.

A moça gritou pra dentro da casa:

– Eh! Meu pai, vem ver quem é aquele meu irmão que voltou.

– Tá louca, filha, quanto tempo sumiu seu irmão, nesta hora já está é na barriga da onça.

– Tá é aqui mesmo pai, é ele.

– Ó pai, sou eu que já voltei.

Aí chegaram os velhos, abraçaram aquele filho que já estava perdido, quem sabe quanto tempo. Perguntavam tudo pra ele, o rapaz só dizia:

– Tou bem, ocês não vê como eu tou gordo? Até cresci mais, lá é que tem recurso mesmo, eu vim pra ensinar ocês viver melhor.

Aí ele virou pra irmã e falou assim:

– Vai lá na estrada, irmã, eu deixei lá minha mulher e minha filha. Tava envergonhada de chegar aqui e eu vim sozinho, vai buscar ela.

A irmã dele já foi procurar, mas logo voltou correndo e gritando:

– Irmão, ocê não quer matar anta pra nós, ali no caminho tem duas antas.

– Ora, irmã, que anta que nada, aquilo é minha mulher e minha filha que estão lá.

Toda aquela gente olhava pra ele sem saber o que ia fazer.

– Elas estão acanhadas de chegar; espera, deixa escurecer, aí ocê vai chamar, de noite viram gente.

Aquela mulher dele de dia era anta, mas de noite era mulher bem bonita. Ficaram vivendo uns tempos ali com os velhos. Mas logo a mulherada começou a achar ruim e a falar. Não gostavam das antas.

– Vão acabar com nossos recursinhos, comem demais, daqui a pouco ninguém tem mais roça aqui e sujam tudo.

As antas comiam mesmo barbaridade e cagavam no caminho da aguada, as mulheres iam lá e já atolavam naquelas bostas das antas. Começaram a falar muito.

Aquele rapaz tinha ido lá por mando lá do sogro dele. O velho tinha falado com ele para ir ensinar um recurso bom para os patrícios. O velho avisou para não se importar com nada, não ocupar acanhamento, era para ficar lá até ensinar tudo àqueles patrícios.

O rapaz falou para o pai assim:

– Oh, meu pai, vim pra ensinar um recurso melhor pr'ocês viver. Tem cada fruta que nem ninguém sabe de boa que é.

– Que nada de fruta boa, meu filho. Então eu não conheço a fruta que presta. Conheço muito, este coco do mato, esta guavira, essa jaracatiá, jatobá, jaboticaba, que fruta mais que tem?

– Ah! Meu pai, tem muita comida boa, não é fruta não, não está pra fora não, mas é mais melhor que tudo que ocês conhece.

Mas a mulherada estava só falando. Aí o rapaz disse:

– É, então eu vou voltar lá pro mato sem ensinar nada. Ocês tão com medo da gente acabar com suas rocinhas.

– Não, meu filho, eu plantei muita roça, fica aí com sua velha e com a filha d'ocês, tem bastante mantimento.

Mas aí ninguém mais podia segurar aquele homem, de madrugadinha ele pegou caminho com a anta e a antinha. Nunca mais voltou lá e os patrícios perderam aquele recurso fácil quê eles iam aprender.

VIII – A mulher que casou com a onça

As mulheres foram apanhar lenha numa queimada, com elas ia uma moça nova. Ali no mato a moça viu uma carniça de queixada que onça tinha largado e falou assim:

– Eta, que eu gostava de ser filha de onça, ia ter bastante carne para comer.

Foi falando e a onça já foi chegando.

– É fácil. Se você quer mesmo, é só me seguir. Eu não vou fazer malvadeza com você.

A moça queria ir, então a onça levou ela pro mato. As outras mulheres ficaram procurando, elas também tinham visto a carniça da onça; falaram que aquela moça foi comida pela onça e já queriam ir embora daquele lugar; as outras diziam que não, a onça tinha carregado aquela moça, mas não tinha comido.

Ela não apareceu mais, o pai cansou de esperar, dizia:

– Tá bem, minha filha sumiu mesmo, de certo já está na barriga da onça.

Um dia a moça foi chegando bem devagar para junto da casa do pai, viu o irmão menorzinho e começou a conversar com ele. Disse pra chamar os velhos que ela estava ali; o menino gritou:

– Eh! Pai, chega aqui, minha irmã que sumiu já veio.

O pai nem importava, só dizia:

– Qual nada, aquela filha já está é na barriga da onça.

Mas depois ele e a velha ouviram a conversa da moça lá fora e foram ver. Correram e abraçaram aquela filha que já estava perdida mesmo.

Aí a moça contou que estava vivendo com a onça, disse que tinha muita fartura, carne não faltava, era a caça que ela quisesse. Falou assim:

– Onça mandou perguntar se ocês querem carne – ele até quer ajudar ocês. Pode caçar e trazer aqui.

O pai dela queria mesmo.

– Qualquer caça, pode escolher, é o que o senhor gostar mais. Fala pra mim e vem é esta mesmo.

O velho só falava que queria qualquer carne, sendo caça toda servia.

– Mas onça disse para escolher a caça que gosta mais. Mandou perguntar se a casa está bem segura, vai pôr a caça aí em cima do capim, tem que reforçar para aguentar. É para escolher mesmo o que gostar mais.

– Ocê então fala que eu gosto é de anta, se matar uma para nós já está tudo bom, eu já fico satisfeito, esta casinha aguenta mesmo, pode trazer a anta.

– Pois é pr'ocês chamar meu avô e minha avó, tudo que é parente para comer churrasco.

A moça foi embora e no outro dia o velho levantou bem de madrugada com cheiro de churrasco e foi olhar. A coberta da casa estava barriguda; arrodeou e viu, estava tudo cheio de carne, parecia carne de duas antas das grandes, tudo já assado. Era muito churrasco. O velho ficou bem alegre, chamou os parentes e foram comer aquela carne. Daí a dois dias ainda tinha carne sobrando.

Aí a moça tornou a voltar para saber se estava tudo bem. Perguntou se a casinha estava segura para aguentar a carne e o que eles queriam comer agora. O velho já disse que estava tudo muito bom, que queria agora era queixada e outras caças pequenas, qualquer coisa, tatu mesmo.

A moça mandou reforçar bem a casa.

– Se não tiver bem segura um pau destes pode quebrar com o peso e machucar um lá dentro.

Depois a moça disse que a onça queria mudar pr'ali por perto pra não estar andando tanto tempo carregando carne. O velho falou:

– Pode morar aqui mesmo. Pode fazer o rancho aqui pegado no meu.

Ele tinha medo da onça, mas gostava daquela fartura de carne.

– Não, ele não quer morar aqui junto. Quer ficar mais retirado pra ninguém estar vendo ela, vai fazer a casa ali meio retiradinho.

Aí aquela moça voltou para a casa da onça. Ela já estava aprendendo a caçar com a onça.

De madrugada o velho foi ver e a casa estava cheia de caça, tinha caititu, queixada, tatu, paca, tudo.

A onça foi morar lá mais pra perto da casa do sogro. Um dia um irmão da moça veio chegando para conversar. A onça assobiou forte para a moça que estava caçando por ali perto e ela veio. Disse que era o irmão dela mesmo. Ele foi chegando para conversar com a onça. Depois ia lá sempre conversar, pediu a onça caça fina pra ele, gostava era de jaó, mutum, inhambu, macuco. A onça caçava pra ele.

A avó da moça morava ali por perto, ela tinha medo da onça e logo começou a estranhar aquela neta. A moça estava virando onça, já tinha o corpo todo pintado de preto, os pés e as mãos já estavam virados a jeito de garra, só a cabeça estava igual, mas os dentes estavam estufando para fora. Aquela velha ficou com medo e já fez macumba para matar a neta dela. A moça aí morreu.

Quando o pai soube não se importou. Só falou assim:

– Tava bem bom, mas acabou; agora deixa, não faz mal.

Mas todos tavam com medo. O irmão foi lá onde estava a onça e falou que a moça tinha morrido, perguntou se a onça não ia fazer nada com eles. Se quisesse, ele ia falar com o pai, o velho bem que estava gostando da caça e como tinha outra filha podia dar para casar com a onça.

– Não, longe disso. Eu não vou fazer nada. Vou é embora daqui. Não quero fazer mal pr'ocês. Pode ser que um dia ocês ainda vão se alembrar de mim.

E a onça foi s'imbora, saiu correndo feio daquela mataria, metia medo o urro que dava, mas urrava cada vez mais pra longe.

IX – A cabeça rolante

Tinha um macaco bem caçador destes grandes. Saía sempre para caçar. Ele tinha um irmão que sempre falava pra ele:

– Cuidado, irmão, um dia bicho ainda te pega. Quando eu vou caçar, primeiro roço o mato e deixo só uma árvore no meio para ficar lá, bicho nenhum me pega. Toma cuidado, senão um dia se atrapalha.

Mas o macaco não importava com nada. Ia mesmo por cima dos bichos ou no chão. Um dia queria matar um bicho bem bravo, parecia esta cotia, mas era grande mesmo e bravo. O macaco avançou e arrancou a cabeça da cotia, jogou de lado e levou o corpo para casa. O irmão falou que não largasse pedaço de caça no mato, assim ela não morria.

– Está é morta mesmo.

Aquela cabeça foi pulando, pulando, sem corpo, até chegar na casa. Foi batendo e subiu na cama, aí a mulher falou:

– Olha o que ocê arranjou, agora já está morto, é só cabeça, não dizia para tomar cuidado.

– Que nada, mulher, vai dormir, agora é que está bom mesmo. Agora é que eu estou vivo e vou caçar como quero.

– Caçar o quê, marido, ocê tá é morto, pois já viu cabeça sem corpo fazer alguma coisa.

Mas a cabeça ficou viva, todo dia a mulher saía com ela no balaio para caçar. Quando a cabeça via a caça, pulava, já virava um homem com arco e flecha na mão. Não tinha nada que escapasse, enganava as onças e atirava certo. Tinha carne todo dia.

Aí a filha deles disse que queria ver aquela caçada.

– Que nada, minha filha, sou eu que caço, seu pai é só cabeça, não pode fazer nada, ele fica no balaio, só pra ver a caça, aí ele mostra e eu vou e mato.

– Mas eu quero ver isto, hoje eu vou lá.

E foi mesmo. Quando viram veado a cabeça saltou, já virou um bicho desconforme e aquela coisa foi andando pro lado do veado. A filha saiu e começou a rir debochando do pai dela. O velho que era só cabeça virou logo um tatu destes de rabo mole e foi se enterrando no chão. Só ficou fora a terra fofa e o arco e as flechas que ele largou por ali. Nem a carne de veado prestou, depois que carnearam e penduraram começou a virar uns bichos e sair andando devagar por ali.

X – O dono das caças

Oh! estes bandos de queixadas, eu não atropelo, se eu acho, mato um ou dois, até três, mas é só o que a gente pode ocupar. O resto pode seguir caminho. Tem alguma coisa com estes bichos, cada bando de queixada tem seu dono; ele tá sempre ali junto, cuidando a porcada dele.

Pois tinha um homem, era muito caçador, não arrespeitava nada. Um dia ele deu num bando de queixada. Ah! o homem já ficou feito louco, atirou isto-e-mais queixada. Saía correndo atrás duma que ele feriu, mas via outra, já largava aquela e ia perseguir a outra. O homem ficou louco de tanta queixada, queria matar tudo, mas não pegava nenhuma, corria atrás duma atravessada de flecha, mas logo largava aquela e já atropelava outra.

De repente ele assustou grande, tava ali na frente dele um bicho, mas era um bicho mesmo desconforme, não tinha cara, era só aquela boca sem tamanho, cheia de cada dente de fazer medo. O homem caiu de quatro no chão, tremendo que nem não podia mais. Aí, o bicho falava pra ele:

— Agora nós vamos conversar, vamos ter uma conversa mesmo que é pr'ocê aprender a andar maltratando os bichinhos. O senhor fez muito mal feito; pois olha que porcaria está arranjando. O senhor pensa que estes bichinhos não têm dono, que andam soltos aí no mato à toa. Não é assim, não. Isto é minha porcadinha. Como é que o senhor vem estragar eles assim. Tá vendo este bando todo, pois eu tou carregando pr'aquela aguada ali, vou dar água aos meus bichinhos. Como é que o senhor faz um mal feito destes; persegue meus bichinhos, atropela e só pra machucar. Agora olha o serviço que o senhor fez, eu vou ter um trabalhão danado pra curar meus porquinhos. Encheu tudo de bicheira e à toa. O senhor anda muito errado, assim tá muito mal pro senhor. Escuta lá, quando o senhor quiser comer uma carninha não tem que fazer isto não, não carece tá estragando meus bichinhos. O senhor quando quiser é só falar: "Oh! meu pai, eu quero comer uma carninha hoje, tem dó de nós, meu pai, tou querendo comer uma carne hoje". Aí o senhor acha uma carninha fácil para o senhor comer. Mas não faz mais assim, não, isto é muito ruim pro senhor mesmo. Agora pode ir embora, vai pra sua casa.

É. Estas queixadas têm uma coisa, têm o dono delas. A gente só tem que atirar pra acertar, não pode machucar o bicho não, faz mal. Aí aquele dono falou pro homem assim:

– Também não tem que está estragando assim não. Só atira no que for ocupar, mais não pode acertar.

XI – A amante da anta

Naquele tempo mulher é que trabalhava, os homens só caçavam. As mulheres é que faziam roça, derrubavam mato, carpiam, plantavam, colhiam, tudo era serviço de mulher. Os homens só ocupavam pra fazer arco, flecha e correr o mato atrás d'alguma caça.

Quando chegou o tempo de fazer roça aquele homem foi lá ver o mato pra escolher um e deixar pra mulher dele trabalhar. Todos os dias as mulheres saíam todas juntas para trabalhar nas roças; foram fazendo o serviço, umas acabaram logo, outras ainda tinham o que fazer. Aquele homem falava assim pra mulher dele:

– Olha lá, cuida bem daquela roça, já tá passando tempo, trabalha duro lá.

– Ora, tá tudo feito, se não acabar hoje fica bem pouco pra amanhã.

Aquele homem aí foi ver a roça da mulher. Chegou lá no lugar que ele tinha marcado, tava tudo como ele deixou mesmo. As outras mulheres já tinham feito o serviço, tava a planta toda brotada, mas a mulher dele, nem um nada.

Aquele homem já desconfiou, falou pra mulher:

– Olha lá, cuida bem aquela roça, já tá passando o tempo.

Aí as mulheres foram correr as roças e viram um carreiro de anta bem batido e com muito estrume. Olharam aquilo, era estrume de milho, de chicha, só de coisa boa.

– Quem é que está criando anta com comida boa? Tem um que dá milho, até chicha e bolo pra anta.

Aquilo o homem escutou. Todo o dia a mulher acordava muito cedo, inda de noite, pra fazer a comida que levava para a roça, fazia muito, levava uma poranga de chicha, pamonha, bolo, muita coisa, ia carregada.

De noite o homem chegava na mulher, queria abraçar, fazer coisa, qual nada.

– Me deixa, marido, eu tou é cansada. Trabalhei o dia inteiro, tou com dor no corpo.

– Mas eu também trabalhei, mulher.

– Que nada, ocês só correm mato, andam à toa daqui pra lá, dão uma voltinha e já estão dormindo. Tou cansada de trabalho, tou com o corpo doendo todo.

O marido virava pro lado e dormia, até largou de procurar a mulher.

Aí ele foi ver a roça. Tava tudo igual como tinha deixado, olhou ali e viu uma cama de anta, o esterco, tudo. Já desconfiou; acerou uma picada bem limpa para andar sem barulho e voltou.

De noite falou pra mulher:

– Pode preparar bem sua comida, tem tempo, ocê precisa comer bastante pra poder trabalhar.

Ele levantou cedo e foi esperar escondido lá na espera. Aí a mulher chegou bem carregada, vinha cantando, alegre. Mal chegou pôs os tarecos ali no chão, nem viu a picada que o marido tinha feito e já chamou:

– Benzinho, ó benzinho.

Aí aquela anta veio danada, foi chegando e já empurrando a mulher, querendo derrubar.

– Não tem apuro, benzinho, vamo comer primeiro, tem tempo prá nós fazer isto.

Aquele homem tá lá assuntando, tava pensando: "olha que desgraçada, mas hoje ela me paga".

Comeram bastante, a anta apurada engolia tudo, ia pamonha com palha, bebia chicha ligeiro pra acabar logo. Aí foram deitando e a anta subiu na mulher.

O homem lá pegou o arco e ficou sem saber qual a flecha que ia atirar, ficou escolhendo, danado que estava.

Atirou uma, pegou na anta, ela tremeu e falou:

— Não é nada, não, mulher, só um carrapato que me pegou aqui no sovaco.

O homem tava escolhendo outra flecha, pensava assim: "carrapato, ein, desgraçado? Agora é que você vai ver carrapato". E mandou outra flecha bem na paleta da anta. O bicho saiu louco, arrastando a mulher pelo mato, dependurada naquela coisa dele que a gente não fala o nome. Ela foi cair longe. O homem chegou e foi dizendo:

— Ah! sua desgraçada, filha disto e daquilo, imunda. Eu só não mato ocê agora mesmo por causa de sua família.

Empurrou ela no chão e foi embora.

Chegou no toldo e foi conversar com o cunhado, disse assim:

— Ó, ocês querem me ajudar a desfazer uma anta? Matei uma ali junto dos roçados. Sua irmã tá lá perto. Eu ainda não comi hoje. Saí cedo pra agenciar esta carne, vou comer agora, podem ir na frente.

Os cunhados encontraram a irmã e perguntaram onde é que estava a caça morta.

— Caça? Nem sei que bicho é, parece grande, vi o barulho ali daquele lado.

Eles foram desfazer a anta, trabalharam lá, o cunhado não chegava. Ele tinha sumido, foi procurar outra mulher no outro toldo e carregou os filhos. A menina pedia pro pai assim:

— Cadê mamãe, vamos esperar ela.

– Que nada, sua mãe é uma vergonha muito suja, ocês não têm mais mãe.

Lá no roçado estavam carneando, a mulher falou assim:

– Ó irmão, não joga fora esta carne que fica prá fora, não, guarda que eu quero.

– Que carne, mulher?

– Esta mesmo que anda aí dependurada, isto é remédio bem bom. Dá que eu vou guardar.

A mulher ficou morando sozinha, aquela carne de fora da anta ficou bem sequinha, guardada num balaio bem fechado dependurado. A casa de pindó era bem fechada que nem vento entrava lá. De madrugada todo mundo via aquele movimento no ranchinho, a mulher amanhecia dando risada ali sozinha. As outras já andavam desconfiadas.

Todo mundo sabe como menino é besta, aquela filha do homem chegou lá no outro toldo, as mulheres logo indagaram da mãe dela e a besta foi contando tudo:

– Meu pai tá brabo com ela, achou anta em cima dela fazendo serviço, lá na roça.

– Anta, menina? Mas como? Que bicho mais manso.

– Pois foi, meu pai matou a anta.

– E comeram ela?

Decerto, meus tios ficaram lá carneando, mas meu pai não quis esperar carne, veio embora carregando nós.

As mulheres lá do outro toldo já queriam saber o que era aquilo, foram lá e descobriram o sequinho no balaio.

Aí combinaram, juntaram um dia para banhar na aguada e chamaram aquela. Ela foi, quando estava lá no bom do brinquedo, ela viu os homens pondo fogo no ranchinho dela. Saiu correndo feito louca, nem pôs a tanguinha de bocadjá. Entrou no fogo pondo as mãos nos olhos para salvar aquela coisa. Quando pegou o sequinho já era pura cinza, estava queimado. Aquela mulher foi entristecendo, não queria mais nada e morreu daí a três dias. Não tinha mais o seu sequinho.

XII – A onça que caçava para seu dono

Contam uma estória, penso que é só verdade. Este velho que morreu ali é que contava estes casos pra nós, ele disse que ainda alcançou, já velho, o dono daquela onça.

Diz que este homem pegou um filhote de onça bem novo e ficou criando. Falava que era o cachorro dele aquela onça. Toda patriciada falava pra ele largar daquilo.

– Este cachorro vai aprender mais é caçar patrício nosso, mata ele logo.

Mas o homem não queria mais nada. E foi ensinando o bicho a caçar com ele. Saía todo dia pro mato com a onça. Levava ela amarrada numa corda até achar um rastro bem fresco. Aí ia seguindo, quando a onça farejava mesmo, ele largava. Tinha carne em casa todo dia, mas quando a onça só caçava bichinho à toa pequeno, ele deixava ela comer tudo. Quando era grande ele desmanchava, tirava a barrigada pra onça e carregava o resto. Dava carne pros patrícios todos.

Aí o irmão dele começou a implicar, queria caçar com aquela onça.

– Ocê não conhece este bicho, larga disto. Só eu é que sei caçar com ela.

– Que nada, se ocê caça, eu também caço.

– Olha lá, ela vai é comer ocê aí, eu não empresto não, ocê vai é fazer porcaria.

Mas um dia ele emprestou porque o irmão não dava mais sossego de tanto pedir, falando que sabia trabalhar com a onça e que não tinha perigo.

Levou o bicho pra caçar, mas não sabia nada, o primeiro rastro que achou foi de anta, já velho e bem seco. Largou a onça e ficou deitado ali, esperando. Passou tempo, passou tempo, daí umas horas a onça voltou, vinha babando, cansada e com fome, pegou o homem, matou e voltou pra casa com a barriga bem cheia.

Foi aquela choradeira da mulherada, mas o homem tava bem na barriga da onça.

A obra indigenista de Rondon[1]

Em sua última viagem a Mato Grosso, Rondon fez uma visita ao velho Cadete, chefe dos índios **Bororo**. Foi um encontro singular de amigos que se conheciam há mais de sessenta anos, desde quando Rondon, no princípio de sua carreira militar e indigenista, chamou ao nosso convívio os **Bororo** de Garças.

Os dois velhos tomaram-se as mãos e, meio abraçados, falaram longamente na língua daqueles índios. A certa altura, Rondon voltou-se para alguém que o acompanhava e comentou:

> – Sabe o que ele está dizendo? Me aconselha a vir morrer aqui, porque, diz ele, estando velho, não durarei muito e só os **Bororo** saberiam fazer o meu enterro.

Pouco tempo depois, morto Cadete, estivemos em Mato Grosso para orientar a documentação cinematográfica dos seus cerimoniais fúnebres. Reunira-se toda a tribo para aquela homenagem, e muitos índios me perguntaram quando viria Rondon. Só se convenceram de que não compareceria ao ouvirem a gravação que leváramos, em que Rondon lhes dizia que íamos como seus olhos e seus ouvidos, para tudo ver e tudo ouvir, a fim de contar-lhe depois. Que ele estava velho e cansado, só por isso não ia também à despedida de Cadete. Graças a essa gravação pudemos não apenas assistir, mas também documentar

---

1   Reproduzido da coleção *Cadernos de Cultura do Ministério da Educação e Cultura*, Rio de Janeiro, 1958. Uma tradução para o castelhano foi publicada em *América Indígena*.

em todos os seus detalhes, momentos do cerimonial que, até então, somente índios haviam presenciado.

Acompanhei os funerais de Rondon no Rio, sei das homenagens que lhe foram prestadas em todo o país e como a notícia do seu falecimento repercutiu nas aldeias indígenas. O Brasil o perdeu consciente de que perdia a personalidade mais enérgica e mais generosa que nosso povo jamais produziu. Mas ainda me pergunto se Cadete, de certo modo, não teria razão. Tanto quanto filhos podem chorar aos pais, os índios o chorariam, conscientes do grande vazio que se abriu com sua morte, dos perigos que, doravante, pesam sobre suas vidas e suas terras, tantas vezes ameaçadas em termos de **se não fosse esse Rondon**...

Ainda hoje poucos se capacitaram de que o amparo ao índio seja uma política oficial do Governo, uma exigência da opinião pública, uma imposição da lei, e não apenas o fruto da obstinação de um homem, de Rondon. O seu devotamento de mais de meio século à causa indígena fez dele a personificação mesma dessa causa. Colocando a serviço dela seu prestígio nacional duramente conquistado, de grande construtor de linhas telegráficas e de promotor das mais amplas pesquisas geográficas, geológicas, antropológicas, faunísticas e florísticas empreendidas em nosso país, ele conseguiu mais do que qualquer outro poderia alcançar.

Graças a Rondon, sobrevivem hoje dezenas de milhares de índios que teriam perecido sem o amparo que ele fez chegar às suas aldeias longínquas.

É a vida e a liberdade desses índios que se encontram, agora, sob ameaça e exigem, para que sejamos dignos de Rondon, uma outra ordem de homenagem à sua memória: a vigilância mais alerta para as tentativas que fatalmente virão de morte e de esbulho contra os índios e a ação mais enérgica para denunciá-las e impedi-las.

RONDON, O HUMANISTA

No centro de Mato Grosso abre-se uma extensa região de campos cortados por palmais e matas em galeria que margeiam os rios e lagoas. São os campos do Mimoso, ocupados por descendentes de bandeirantes paulistas mesclados com índios e negros. Depois de esgotadas as reservas de ouro de Cuiabá que os haviam atraído àqueles ermos, ali se instalaram como criadores de gado. Essa era, aliás, a única economia praticável em região tão isolada, porque só o gado poderia conduzir-se a si mesmo através de milhares de quilômetros de simples picadas até os mercados da costa atlântica.

Na sesmaria de Morro Redondo, propriedade de seus avós naquela região, nasceu a 5 de maio de 1865 Cândido Mariano da Silva Rondon. Para fazer seus estudos elementares foi levado a Cuiabá, onde, depois de licenciar-se professor primário, ingressa no Exército como soldado, a fim de seguir para a Escola Militar da Corte. Em 1890, graduado bacharel de Ciências Físicas e Naturais, é promovido a tenente do corpo do Estado Maior, sendo aproveitado como professor-substituto de Astronomia e Mecânica a convite de seu mestre, o fundador da República, Benjamim Constant Botelho de Magalhães.

A carreira humanística de Rondon tem início em 1890, quando abandona a oportunidade que se oferecia de uma carreira de magistério para servir no setor mais árduo do Exército, que era, àquela época, a construção das linhas telegráficas que ligariam o Estado de Goiás ao seu Estado natal, integrando-o no circuito telegráfico nacional. Já então, Rondon, movido por suas convicções filosóficas de positivista militante, age como o humanista que seria. Dirigindo-se a Mato Grosso longínquo, na verdade ele se orientava para a aplicação prática de postulados de Auguste Comte, uma vez que ali poderia imprimir à tropa sob seu comando aquela feição construtiva que o filósofo francês propugnava para o advento do estado positivo.

Nesses trabalhos, Rondon tem seus primeiros contatos com os índios e os coloca, de imediato, sob a proteção das tropas que comandava. Assim, consegue a pacificação dos **Bororo** de Garças, que constituíam, até então, sério obstáculo às comunicações entre Mato Grosso e Goiás e, ao mesmo tempo, eram vítimas de cruéis trucidamentos. Em seguida, se depara ou vai ao encontro dos remanescentes dos **Guaná**, dos **Índios Cavaleiros**, dos **Ofaié**, dos **Paresi**, fazendo demarcar suas terras, assegurando-lhes trabalho nas obras de construção das linhas telegráficas, instrução e o amparo de que careciam para sobreviver.

Até sua chegada aqueles índios estiveram entregues ao seu próprio destino, defendendo-se contra uma sociedade dotada de recursos infinitamente superiores que crescera como uma tormenta sobre os territórios tribais. Até então a só existência dos índios numa região era motivo de inquietação e clamor. E quando acrescia uma circunstância qualquer, como a valorização econômica das terras que ocupavam, ou de si próprios como mão de obra, era a condenação.

Os que se opunham à expansão das frentes pioneiras que avançavam sobre suas aldeias eram dizimados. Muitas vezes por chacinadores profissionais, os célebres **bugreiros**, frequentemente estipendiados pelos governos estaduais. Ainda mais dramático era o destino dos que se haviam submetido ao nosso convívio. Já incapazes de defender-se, experimentavam condições de penúria às quais nenhum povo poderia sobreviver.

Assim viviam, assim morriam os índios do Brasil de 1910. E isso não ocorria apenas em igarapés ignorados da Amazônia ou nos ermos do Brasil Central, mas às portas ou à distância de um dia de viagem de cidades como São Paulo, Blumenau, Vitória e Ilhéus.

Em 1906 vamos encontrar o Coronel Rondon amadurecido nestes empreendimentos como militar, como engenheiro e como geógrafo, sendo incumbido de uma obra ainda mais arrojada. Pediam-lhe, agora, que atravessasse 250 léguas de sertões desertos do noroeste de Mato Grosso e 300 léguas da floresta amazônica, nunca antes percorridas, para levar os fios telegráficos de Cuiabá ao Território do Acre, recentemente incorporado ao Brasil, fechando assim o circuito telegráfico nacional.

Rondon aceita a empresa que a muitos engenheiros e militares parecera inexequível e se propõe, ainda, a ampliar seus encargos, a fim de proceder ao estudo científico da região que atravessaria em sua feição etnográfica, geográfica, florística e faunística. E, agora, já como indigenista militante, impõe uma condição inteiramente nova em empreendimentos dessa natureza: exige que as populações indígenas desconhecidas que encontrasse na região a devassar fiquem ao seu cuidado a fim de evitar que, mais uma vez, a penetração em um território novo fosse acompanhada de calamidades e cruezas contra seus habitantes silvícolas.

Essa missão é que seria conhecida mais tarde como a Comissão Rondon, grandiosa empresa política e militar que se tornou sob sua direção o maior empreendimento científico e a maior cruzada humanística jamais tentada no Brasil.

Em meio aos trabalhos dessa Comissão, Rondon é chamado pela Presidência da República e encarregado de organizar a expedição que deveria acompanhar o Coronel Theodore Roosevelt, ex-Presidente dos Estados Unidos, através dos sertões do Brasil, do rio Paraná ao Amazonas. Aceitando a empresa, traça-lhe o roteiro, define os objetivos e a conforma de modo a não representar uma simples excursão venatória, mas o cuidadoso levantamento de uma área inexplorada. Ao organizar a equipe da expedição, nela inclui os cientistas naturais e geógrafos que deveriam assegurar-lhe esse caráter.

Depois de levar a expedição a bom termo (1913-1914), desde o rio Apa, na fronteira com o Paraguai, até Belém do Pará, colocando nas cartas geográficas um rio até então desconhecido, de mais de 1.000 quilômetros de curso, o Rio Roosevelt, em vez de regressar à sua família volta incontinenti para Manaus. Daí prossegue rumo ao rio Jamari para retomar a chefia dos serviços telegráficos. Só um ano depois, e por terra, através de Mato Grosso, regressa ao Rio de Janeiro para balancear os resultados de seus últimos anos de trabalho.

Foram anos de ingentes esforços (1907-1917), de sacrifícios e de privações inenarráveis, mas, em compensação, cheios de realizações magníficas. Ao fim dos trabalhos, a Comissão construíra 2.270 quilômetros de linhas telegráficas, a maior parte delas cortando regiões nunca antes palmilhadas por civilizados e através dos quais instalara 28 estações que seriam, no futuro, outros tantos povoados. Procedera ao levantamento geográfico de 50.000 quilômetros lineares de terras e de águas; determinara mais de 200 coordenadas geográficas; inscrevera nos mapas do Brasil cerca de 12 rios até então desconhecidos e corrigira erros grosseiros sobre o curso de outros tantos. Essa é a obra sem paralelo do construtor e do geógrafo.

Mas a ela se devem acrescentar as contribuições de Rondon para o conhecimento etnográfico, linguístico, geológico, botânico e zoológico do Brasil interior. Para isso se fizera acompanhar de cientistas que, seguindo as turmas construtoras, realizaram um balanço da natureza brasileira que desafia comparação. Algumas das maiores figuras das ciências no Brasil obtiveram de Rondon suas maiores e melhores oportunidades de realizar pesquisas.

Dentre os colaboradores científicos das suas diversas expedições, contam-se nomes como **Edgar Roquette-Pinto** (antropólogo), **F. C. Hoehne, A. J. Sampaio, Alfredo Cogniaux, H. Harns** (botânicos), **J. G. Kuhlmann, Adolfo Lutz, Alípio Miranda Ribeiro, Adolfo Ducke, H. Von Ihering, Arnaldo Black, H. Reinisch, E. Stolle** (zoólogos), **Alberto Betim Pais Leme, Eusébio de Oliveira, Cícero** de **Campos, Francisco Moritz** (geólogos e mineralogistas) e **Gastão Cruis** (naturalista).

Essa plêiade de colaboradores é que permitiu a Rondon fazer da mais arrojada penetração jamais realizada através dos sertões inexplorados do Brasil a melhor planejada e a mais fecunda. As coleções de artefatos indígenas (3.380), de plantas (8.837), de animais (5.676) e de minerais (quantidade desconhecida) que Rondon encaminhou ao Museu Nacional perfazem a maior contribuição feita àquela instituição em um século de existência. Os estudos de campo e a análise dessas coleções dariam lugar a mais de uma centena de publicações que colocam Rondon no primeiro plano como incentivador do desenvolvimento das ciências no Brasil.[2]

Maior, porém, que a obra do geógrafo, do engenheiro, do cientista foi a humanística. Num tempo em que junto a zonas povoadas, próximo de grandes cidades, os índios eram espingardeados como feras, Rondon, penetrando os sertões mais ermos, fora ao encontro das tribos mais aguerridas do país, levando-lhes uma mensagem de paz e abrindo novas perspectivas nas relações das sociedades nacionais com os povos tribais. Através de sua ação humanística, Rondon provara que era possível chamar a tribo mais hostil ao convívio pacífico da sociedade brasileira por métodos persuasórios: sua equipe havia atravessado territórios das tribos mais temidas, nos quais ninguém antes ousara penetrar, sem jamais hostilizá-las, acabando por conquistar a confiança e a amizade dos **Nambikuara**, dos **Kepkiriwat, Parnawat, Urumi, Arikén** e, mais tarde, dos **Umotina**.

Os primeiros índios com que se deparou a Comissão Rondon foram os **Paresi** marcados por séculos de contatos e violências dos civilizados. Neles os bandeirantes e os primeiros povoadores de Mato Grosso

---

2   RIBEIRO, Alípio Miranda. *A Comissão Rondon e o Museu Nacional.* Rio de Janeiro, 1945; *Catálogo Geral das Publicações da Comissão Rondon.* Conselho Nacional de Proteção aos Índios. Rio de Janeiro: 1946.

tiveram uma das fontes preferidas de escravos, por serem lavradores que fiavam e teciam o algodão para o fabrico de redes e panos. A beleza de suas mulheres despertou logo a atenção dos mineradores de ouro que em Mato Grosso, como em Goiás, só contavam nos primeiros anos com mulheres indígenas.

A Comissão encontrou os grupos **Paresi** mais próximos das povoações sertanejas, engajados na economia regional como extratores de produtos florestais e sujeitos à maior exploração.

> "De nada lhes valia serem de gênio dócil e inofensivo; muitas vezes foram perseguidos e trucidados por civilizados que assim procediam para ficar com o monopólio da exploração de seringais em que eles se achavam estabelecidos desde tempos imemoriais".[3]

À medida que avançava pelo território **Paresi**, indo de encontro aos grupos mais isolados, constatava Rondon que os índios eram mais numerosos, viviam melhor, gozando de mais fartura.

Como fizera antes com as tribos do sul, Rondon colocou os **Paresi** sob a proteção da Comissão, livrando-os da "opressão dos seringueiros, obstando a que os índios continuassem a ser perseguidos e enxotados, a ferro e fogo, das suas aldeias, espoliados de suas terras, roubados e depravados pela introdução da cachaça, com todo o seu triste cortejo de misérias físicas e morais".[4] Convenceu aos chefes **Paresi** da conveniência de transferir-se a tribo para terras melhores, assegurando-lhes a propriedade delas e colocando-os, assim, mais perto das linhas telegráficas que lhes garantiriam trabalho bem remunerado.

Fundou escolas que alfabetizaram os **Paresi** e prepararam artífices, até telegrafistas, depois aproveitados nas estações da região. E,

---

3   *Missão Rondon*. Rio de Janeiro: 1916. p. 264.
4   Idem. p. 276.

sobretudo, levantou o ânimo da tribo, pelo respeito a suas instituições e pelo acatamento às suas autoridades, impondo a todos os antigos exploradores esse mesmo respeito. Assim, Rondon conquistava também a confiança daqueles índios que daí em diante foram seus mais preciosos guias no desbravamento das regiões que somente eles conheciam.

Em seguida a Comissão Rondon inicia a penetração no território dos **Nambikuara**. Dessa tribo não se sabia mais que o nome a ela atribuído desde um século antes e as notícias dos violentos choques que tivera com todos os que tentaram invadir seu território. Eram descritos como índios antropófagos, em guerra contra todas as tribos circundantes.

Os **Nambikuara** seriam uma prova de fogo para os métodos persuasórios de Rondon. Ninguém, exceto ele, acreditava ser possível penetrar o território daqueles índios sem lhes mover uma guerra cruenta, e ninguém esperava da Comissão Rondon, já assoberbada pelas dificuldades imensas do próprio empreendimento, que ela se fizesse pacificamente. Em seu diário, referindo-se àquela penetração, ele escrevia: "Ninguém exige de nós atos sublimes, de coragem e de abnegação; mas é nosso dever absoluto não juntarmos aos embaraços já existentes outros que tornem ainda mais difícil a árdua tarefa de quem, no futuro, tiver forças para a vencer".[5]

À medida que a expedição avançava, iam aumentando os sinais da presença daqueles índios: caminhos cada vez mais batidos, árvores onde haviam tirado mel com seus machados de pedra, acampamentos de caça recentemente abandonados e, finalmente, sinais de sua presença pressentidos bem próximos. Os **Nambikuara** vigiavam o avanço da tropa, mantendo-se, porém, sempre invisíveis.

As preocupações dos oficiais eram cada vez maiores, o encontro desejado era iminente, mas todos temiam pelos seus resultados. Apreensivo com o ânimo de seus soldados, Rondon registra em seu relatório:

---

5   *Missão Rondon*. Rio de Janeiro, 1916. p. 130.

"Os expedicionários pouco dormiam. Muitos nos contaram ter ouvido, alta noite, rumo ao sol poente sons parecidos com as flautas dos índios, provenientes dalgum aldeamento estabelecido para essa banda...

"O que não teria passado pelo espírito dos nossos soldados e tropeiros, cercados, nestes ermos, de indícios e vestígios dos Nhambiquaras, nome que só por si basta para arrebatar as almas, mesmo as mais frias, às regiões povoadas de cenas pavorosas de antropofagia, de que andam cheias as lendas secularmente entretecidas em torno desta nação de silvícolas?!"[6]

Este era o mais grave problema de Rondon naquela penetração: o pavor de seus soldados. Gente aliciada da população sertaneja acostumada a matar índios com a naturalidade com que se abate caças, não podia conceber que devessem ser poupados, mesmo quando atacassem. Vinham sugestionados pelas estórias de massacres, ouvidas através de toda a zona pioneira, cuja população vivia em guerra com aqueles mesmos índios. Nessas condições todas as preocupações eram necessárias para evitar o pânico diante de um ataque de índios, pois, se fosse revidado pelos soldados, poderia comprometer todo o empreendimento. Uma vez que se estabelecesse a luta, a Comissão só poderia romper os Sertões pela guerra, matando índios e sofrendo, também, imensas perdas. O primeiro problema era o moral de sua própria tropa; mantê-la serena e consciente mesmo naqueles momentos em que o orgulho militar fosse excitado por um ataque inesperado.

O índio, por sua vez, não podia encarar a invasão indisfarçável do seu território senão como um ato hostil. Toda a tradição tribal, a experiência pessoal de cada um deles só lhes ensinava que cada homem branco é um celerado pronto a trucidar, violentar, incendiar e roubar. Como convencê-los de que a Comissão era diferente de quantos mago-

---

6   *Missão Rondon.* Rio de Janeiro, 1916. p. 136.

tes de seringueiros ou simples exploradores haviam tentado atravessar antes as suas terras, à força de balas?

Para Rondon esse era um ponto de honra. Se a Comissão devesse transformar-se em força trucidadora de índios, ele não teria aceitado seu comando. Todavia estava certo de que os índios procurariam hostilizar a tropa, e sua repulsa à ideia de ter de revidá-los o fazia redobrar a vigilância para frustrar-lhes qualquer oportunidade de ao menos tentar um ataque.

Acabrunhado por preocupações dessa ordem durante a penetração pelo território **Nambikuara**, Rondon escrevia:

> "Que nós estamos invadindo suas terras, é inefável! Preferiríamos pisá-las com o assentimento prévio dos seus legítimos donos. Havemos de procurar todos os meios para lhes mostrar quanto almejamos merecer este assentimento e que não temos outra intenção senão a de os proteger. Sentimo-nos intimamente embaraçados por não podermos, por palavras, fazer-lhes sentir tudo isso.
>
> Eles nos evitam; não nos proporcionam ocasião para uma conferência, com certeza por causa da desconfiança provocada pelos primeiros invasores que profanaram seus lares. Talvez nos odeiem também, porque, do ponto de vista em que estão, de acordo com a sua civilização, todos nós fazemos parte dessa grande tribo guerreira que, desde tempos imemoriais, lhes vem causando tantas desgraças, das quais as mais antigas revivem nas tradições conservadas pelos anciãos".[7]

Realmente vieram os ataques. Os índios que rodeavam e seguiam a tropa continuamente, procurando ocasião para hostilizá-la, acabaram atacando e ferindo mais de uma vez os expedicionários. Porém, a força moral de Rondon e de seus oficiais foi capaz de conter a tropa e evitar revides, mesmo quando ele próprio foi alvejado pelas flechas **Nambikuara** e os soldados e oficiais mais se agitaram, tentando recha-

---

7   *Missão Rondon.* Rio de Janeiro, 1916. p. 131.

çar o ataque. A ordem foi mantida e a diretiva de Rondon ficou de pé: **Morrer, se preciso for, matar nunca**.

Essa atitude pacífica, aliada aos presentes que a Comissão vinha deixando em cada caminho de índios com que se deparava, nos ranchos de caça, ou arrumados em jiraus onde pudessem ser encontrados, acabaram por convencer os **Nambikuara** do ânimo amistoso dos expedicionários. Em 1910 o primeiro grupo se apresentou ao pessoal da Comissão, sendo acolhido com todas as mostras de amizade e largamente presenteado com brindes especialmente destinados para essa eventualidade. Poucos meses depois todos os outros grupos se tinham confraternizado com a Comissão, apresentando-se às centenas, acompanhados de suas mulheres e filhos, em vários pontos da extensa região em que operava.

> "Nem mesmo os velhos inválidos se quiseram privar da satisfação de verem, com seus próprios olhos, os homens que apareciam assim, de repente, nas suas terras, com o poder de produzirem tão profunda e radical modificação nos seus hábitos seculares, como essa que resulta da substituição dos instrumentos de pedra pelos de ferro."[8]

Seguiram-se esforços para lograr a pacificação total dos **Nambikuara** com as tribos que guerreavam, principalmente os **Paresi**, seus inimigos tradicionais e que haviam representado o papel de guias da Comissão através dos sertões desconhecidos da Serra do Norte.

A fome de ferro que demovera as últimas resistências dos **Nambikuara** à confraternização confirmaria sua força junto de cada uma das tribos que a Comissão encontrou em seus caminhos. Uma delas, os **Kepkiriwat**, tendo se deparado, segundo presumiu Rondon, durante suas andanças com uma picada aberta pela Comissão a golpes de ferramentas, decidira transferir-se para junto dela, na esperança de

---

8   Rondon, *Conferências*. Rio de Janeiro, 1916. p. 150.

surpreender um dia a gente que dispunha de tão extraordinárias ferramentas. Para tribos que só contavam com machados de pedra, que cortavam, furavam, raspavam e poliam com instrumentos feitos de ossos, dentes e conchas; um arbusto decepado com um golpe de facão devia representar alguma coisa de extraordinário, capaz de aguçar vivamente sua curiosidade. Esses índios confraternizaram-se com a Comissão em 1913. Eram, até então, inteiramente desconhecidos.

Nos dois anos seguintes, a Comissão Rondon entrou em relações com as tribos do rio Gy-Paraná. Eram povos de língua tupi que viviam em guerra com todos os vizinhos e, sobretudo, com os seringueiros que penetravam seu território, partindo do rio Madeira. Assim, a Comissão Rondon, que deixara os últimos núcleos pioneiros de Mato Grosso mais de dois milhares de quilômetros para trás, reencontrava a civilização em outra de suas frentes de expansão, aqui representada pela mesma violência sem freios contra os índios. Era a fronteira de expansão da economia extrativa da Amazônia que avançava como uma avalanche sobre as tribos açoitadas naqueles ermos. E essa violência não tinha qualquer relação com a atitude dos índios; fossem agressivos ou dóceis, eram sempre tratados como feras.

Num dos afluentes do Gy-Paraná, Rondon ouviu a estória de uma tentativa de pacificação de seringueiros, levada a efeito pelos índios **Rama-Rama**. "Cansados de tantos sofrimentos, os índios resolveram 'catequizar', 'amansar', ou se quiserem, 'domesticar' aquele 'civilizado' sobre o qual certamente teriam opinião um tanto quanto parecida com a que muitas vezes vemos expender-se a respeito deles mesmos, isto é, a de ser um bárbaro com instinto de fera. Mas ainda assim não se resolveram a matá-lo; preferiram os meios brandos e eis o que engendraram: o truculento seringueiro atravessava habitualmente certo rio, sobre uma pinguela. Dois **Rama-Rama** puseram-se a esperá-lo bem ocultos, cada qual em uma das cabeceiras da rústica passagem. Vem o seringueiro, barafusta por ali e quando está todo absorvido com as dificuldades naturais de semelhantes passos, levantam-se os índios fechando-lhes as saídas. Atônito, o homem perde a presença de espírito e nem mais se lembra da espingarda que traz a tiracolo. Porém, mais atônito deveria ter ele ficado, quando viu aqueles 'selvagens' que o podiam acabar em um instante e com toda a segurança, estender-lhe as mãos desarmadas, oferecendo-lhe frutas: eram os 'brindes' com que tentavam iniciar o trabalho de 'catequese do civilizado'."[9]

Mais adiante, já no vale do Jamary, a Comissão iria se deparar com os Arikém, cuja atitude pacífica não os poupava da mais violenta perseguição dos seringueiros bolivianos e brasileiros que os desalojaram de seu antigo território e os mantinham em constante inquietação.

Rondon, não podendo realizar sua pacificação, procurou seus perseguidores e conseguiu convencê-los a assumirem uma nova atitude diante daqueles índios. O conselho foi seguido, e pouco tempo depois os **Arikén** confraternizavam-se com todos os sertanejos da região, abrindo-lhes suas aldeias, adotando seus costumes e até aprendendo a exprimir-se em português com surpreendente rapidez.

A consequência desse contato indiscriminado e da atitude dócil daqueles índios foi sua pronta contaminação por doenças como a gripe e a sífilis, que provocaram violenta mortalidade, reduzindo a tribo, que contava 600 pessoas, a 60 apenas em poucos anos. A par disso as crianças lhes foram tomadas para serem "educadas" na condição de **criados** tão comuns na Amazônia. Assim os encontrou Rondon em 1913 quando voltou àquela região, sendo obrigado a adotar medidas enérgicas para sustar a extinção do grupo.

Dificilmente se encontrará em toda a amarga história das relações entre povos tribais e nações civilizadas um empreendimento e uma atitude que se compare a de Rondon. Mesmo os missionários mais piedosos

---

9 Rondon, *Conferências*. Rio de Janeiro, 1916, p. 99.

que evangelizaram os índios do Brasil quinhentista jamais abriram mão do braço secular. Ao contrário, sempre apelaram para ele como o único remédio para a "subjugação" do gentio tida como condição para a catequese. Em Rondon é o próprio braço secular, é o próprio exército que, em marcha pelos territórios indígenas, abre mão de sua força para tornar-se cordura e compreensão. Por isso sua legenda **Morrer, se preciso for, matar nunca**, é também o ponto mais alto do humanismo brasileiro.

No correr desses trabalhos, Rondon chamou ao nosso convívio mais de uma dezena de tribos até então virgens de contato com a civilização. E, ainda, forjou uma equipe consciente da importância e da complexidade do problema indígena. Essa foi a escola indigenista brasileira na qual se formaram aqueles que iriam dedicar-se ao Serviço de Proteção aos Índios. Todos haviam aprendido na escola de Rondon a não apelar jamais para a força física ou para a compulsão moral, ainda quando atacados. Aprenderam, sobretudo, que mesmo a tribo mais aguerrida está sedenta de paz e confraternizará com a civilização desde que se consiga convencê-la de que não está tratando com a mesma espécie de brancos com que até então se defrontara.[10]

---

10 Muitos oficiais do exército, depois de participarem das missões comandadas por Rondon no interior do país, orientaram-se para a carreira indigenista.
Queremos destacar os nomes de **Antônio Martins Estigarríbia**, capitão de engenharia que abandonou a carreira militar para dedicar-se inteiramente ao Serviço de Proteção aos Índios, no qual exerceu todas as funções. **Vicente de Paula Teixeira da Fonseca Vasconcelos**, que dirigiu durante vários anos o SPI e a quem coube reorganizá-lo depois do colapso que sofreu em 1930. **Nicolau Bueno Horta Barbosa**, que foi um dos principais auxiliares de campo de Rondon e, numa das expedições, tendo o pulmão vazado por uma flecha, ainda conseguiu manter o controle sobre a tropa para impedir que revidassem ao ataque. Mais tarde devotou-se inteiramente aos índios do sul de Mato Grosso como chefe da Inspetoria local do SPI **Alípio Bandeira**, que se tornaria a mais eloquente expressão literária da causa indígena e que, em colaboração com **Manoel Miranda**, procedeu aos estudos preliminares para a elaboração da legislação indigenista brasileira. **Júlio Caetano Horta Barbosa**, que teve os primeiros contatos amistosos com os índios **Nambikuara**. **Boanerges Lopes de Souza**, um dos colaboradores mais assíduos de Rondon, tanto na construção das linhas telegráficas de Mato Grosso (1910-1922) como na Inspetoria de Fronteiras, e **Manoel Rabelo**, organizador dos planos de pacificação dos índios **Kaingang**, de São Paulo – foram todos, mais tarde, membros do Conselho Nacional de Proteção aos Índios.

Nos quinze anos de trabalho das diversas comissões chefiadas por Rondon nos sertões de Mato Grosso e da floresta amazônica, perderam a vida, em serviço, dezenas de oficiais do Exército e cento e sessenta soldados e trabalhadores civis. Seus túmulos plantados ao longo das linhas telegráficas que construíram, dos picadões que abriram, dos rios que foram os primeiros a devassar, testemunham o esforço extraordinário que custou a incorporação dos sertões do Nordeste, da Rondônia, como seria mais tarde denominada, à nacionalidade.

RONDON, INDIGENISTA

A fereza dos conflitos que lavravam no interior do país entre índios e civilizados, por força dos feitos de Rondon, acabou repercutindo nas cidades e obrigando o Governo a tomar conhecimento da existência e da gravidade do problema indígena. Chegara-se a um ponto em que não podia permanecer mais a dualidade escandalosa da civilização citadina, orgulhosa de suas conquistas materiais e morais, e a realidade do interior onde prevaleciam, ainda, os métodos do século da conquista. Abrira-se uma brecha entre a mentalidade das cidades desvinculadas não só geográfica, mas também historicamente das fronteiras de expansão e a atitude feroz dos que, deparando-se com o índio, o viam como um obstáculo e precisavam figurá-lo como selvagem e sanguinário e feroz, para justificar, a seus próprios olhos, a própria ferocidade.

Aos militares se juntaram desde a primeira hora colaboradores civis como o **dr. José Bezerra Cavalcanti**, que respondeu pela direção executiva do SPI desde sua criação até 1933, quando faleceu. O Professor **Luiz Bueno Horta Barbosa**, que abandonou a cátedra da Escola Politécnica para dedicar-se exclusivamente ao Serviço de Proteção aos Índios e que foi o principal formulador dos princípios básicos da política indigenista brasileira. O **dr. José Maria de Paula**, que, ingressando no SPI quando de sua criação, nele exerceu todos os cargos, desde a chefia das inspetorias de índios dos Estados do Sul até a diretoria. **José Maria da Gama Malcher**, que serviu ao SPI com invulgar devotamento e capacidade, tanto chefiando as inspetorias do Pará e Maranhão como na função de diretor, de 1950 a 1954.

Enquanto para a gente das cidades o índio era o personagem de romance idílico, ao gosto de José de Alencar, ou o herói épico à Gonçalves Dias, inspirados em Rousseau ou em Chateaubriand, no interior, o índio de verdade era propositadamente contaminado de varíola, envenenado a estriquinina ou espingardeado.

A tomada de consciência, o desmascaramento dessa contradição se deve a Rondon. Foi ele quem, trazendo dos sertões de Mato Grosso uma imagem nova e verdadeira do índio, substituiu a figura de Peri pela de um **Nambikuara** aguerrido e altivo, ou pela dos **Kepkiriwat** encantados pelos instrumentos supercortantes da civilização, ou ainda, dos **Umotina**, dos **Ofaié** e tantos outros, levados a extremos de penúria pela perseguição inclemente que lhes moviam, mas, ainda assim, fazendo comoventes esforços para confraternizar com o branco.

Depois das jornadas de Rondon, da vitória prática dos seus métodos persuasórios junto a grupos aguerridos como os **Nambikuara**, não podiam manter-se mais aquelas velhas teses defendidas por tantos da incapacidade do índio para a civilização, da inevitabilidade do uso da força contra o índio arredio e hostil e, ainda, a conjura mais manhosa de que a dizimação dos povos tribais, conquanto lastimável, seria uma imposição do progresso nacional e, assim, historicamente inexorável.

Em nome da falácia cientificista escamoteada nessa proposição, procurava-se explicar por graves razões históricas, por imperativos da natureza, o que não passava de vil cobiça de bandos de celerados que avançavam mata adentro em busca de seringais ou castanhais, sempre prontos a exterminar o índio com que se deparassem; de criadores que varriam o índio dos campos a ferro e fogo para destiná-los a seu gado; de colonos que se empenhavam em ocupar e usurpar terras em que viviam índios desde sempre e eram indispensáveis à sua sobrevivência.

A divulgação dos feitos de Rondon mobiliza as consciências e unifica as ações para um movimento nacional de salvação dos índios que acaba por institucionalizar-se em 1910, no Serviço de Proteção aos Índios.

Chamado a organizar a nova instituição, Rondon aquiesce, mas condiciona sua participação à obediência a certos princípios ditados por sua experiência prática e inspirados por sua posição filosófica. O órgão deveria ser de assistência, de **proteção**, e não de **catequese**, que esta, pressupondo uma crença religiosa, não podia ser exercida pelo estado leigo. Todo proselitismo caberia à iniciativa privada, assegurando-se para isso ampla liberdade de pregação e de culto junto aos grupos indígenas.

Nessas bases é organizado o Serviço de Proteção aos Índios, instituído por uma lei em que pela primeira vez em todo o mundo se estabelecia como princípio de direito **o respeito às tribos indígenas como povos que tinham o direito de se realizarem, conservar sua individualidade, professar suas crenças**, enfim, viver segundo o único modo que sabem viver, aquele que aprenderam de seus antepassados e só muito lentamente poderiam mudar.

Até então o índio fora tido como uma espécie de matéria bruta para a cristianização compulsória e só aceito como futuro não índio. Pela primeira vez se reconhecia na lei o relativismo da cultura, ou seja, que diferentes formas de concepção do sobrenatural ou de organização da família atendem satisfatoriamente a seus objetivos, cada qual em seu contexto histórico, e que é impossível mudá-los pela força sem levar o grupo à traumatização, à desmoralização e à morte.

Outro princípio básico firmado naquela legislação era o **da proteção aos índios em seu próprio território**, respeitando-se **sua organização tribal**. Assim se punha cobro à prática secular dos descimentos que desde os tempos coloniais vinham deslocando os índios de seu **hábitat** para a vida famélica dos povoados sertanejos onde se viam submetidos a toda ordem de vexames e explorações e contaminados por todas as pestes da civilização.

Pela mesma lei se **proibia o desmembramento da família indígena** sob o pretexto de educar, de converter ou qualquer outro. Essa prática, a despeito dos fracassos clamorosos e até dos levantamentos sangrentos de índios, revoltados pelo descaramento com que lhes roubavam os filhos, era até então tida como meritória.

Toda a ação assistencial deveria, doravante, orientar-se para a comunidade indígena como um todo, num esforço para levá-la a mais alto nível de vida através da **plena garantia possessória, de caráter coletivo e inalienável, das terras que ocupam, como condição básica para sua tranquilidade e desenvolvimento**; da introdução de novas e mais eficientes técnicas de produção e da defesa contra epidemias, especialmente aquelas adquiridas ao contato com civilizados e que, sobre populações indenes, alcançam maior letalidade.

Mais tarde, reconhecendo a incapacidade objetiva do índio para interagir em condições de igualdade com os demais cidadãos, a lei atribuía-lhe um estatuto especial de amparo que, **assegurando a cada índio, tomado em particular, todos os direitos do cidadão comum, levava em conta na atribuição dos deveres o estágio de desenvolvimento social em que se encontrava.**

A característica básica do programa que Rondon traçou para o Serviço de Proteção aos Índios é a perspectiva evolucionista em que foi embasado, a qual, **reconhecendo, embora, o direito do índio a viver segundo seus costumes tradicionais, abria perspectivas a um desenvolvimento natural e progressivo.**

A melhor expressão desse programa seria formulada anos mais tarde por Luiz Bueno Horta Barbosa, nestas palavras:

> O Serviço não procura nem espera transformar o índio, os seus hábitos, os seus costumes, a sua mentalidade, por uma série de discursos, ou de lições verbais, de prescrições, proibições e conselhos;

conta apenas melhorá-lo, proporcionando-lhe os meios, o exemplo e os incentivos indiretos para isso: melhorar os seus meios de trabalho, pela introdução de ferramentas; as suas roupas, pelo fornecimento de tecidos e dos meios de usar da arte de coser, a mão e a máquina; a preparação de seus alimentos, pela introdução do sal, da gordura, dos utensílios de ferro, etc.; as suas habitações; os objetos de uso doméstico; enfim, melhorar tudo quanto ele tem e que constitui o fundo mesmo de toda existência social. E de todo esse trabalho, resulta que o índio torna-se um melhor índio e não um mísero ente sem classificação social possível, por ter perdido a civilização a que pertencia sem ter conseguido entrar naquela para onde o queriam levar.[11]

Para aquilatar-se a importância desses princípios e o caráter pioneiro de sua formulação naquele Brasil de 1910, basta considerar que, em 1956, a 39ª Conferência Internacional do Trabalho, reunida em Genebra, aprovou como recomendação para orientar a política indigenista de todos os países que têm populações indígenas um documento inspirado, em grande parte, na legislação brasileira, em que esses mesmos princípios são enunciados como as normas básicas que devem disciplinar todas as relações com os povos tribais.

Mas Rondon não ficou na formulação dos princípios. Colocou-se à frente do Serviço de Proteção aos Índios como seu diretor, a princípio, depois como orientador sempre vigilante. Graças à sua ação indigenista militante, aquele Serviço pacificou todos os grupos indígenas com que a sociedade brasileira se deparou até agora, sempre fiel aos métodos persuasórios. Dezenas de servidores do SPI, ideologicamente preparados e motivados pelo exemplo de Rondon, provaram à custa de suas vidas que a diretiva **Morrer, se preciso for, matar nunca**, não é mera frase.

Devido à sua atuação, imensas regiões do país, entre as quais se encontram algumas das que hoje mais pesam na produção agrícola e

---

11   BARBOSA, Luiz Bueno Horta. *Pelo índio e sua proteção oficial*. Rio de Janeiro, 1923.

extrativa, foram ocupadas pacificamente pela sociedade brasileira, e os índios que as habitavam passaram a viver nos Postos Indígenas assentados em pequena porção do antigo território tribal.

Estão neste caso os célebres **Kaingang** de São Paulo, pacificados em 1912, cujas terras estão hoje cobertas por alguns dos maiores cafezais do Brasil; os **Xokleng**, de Santa Catarina, pacificados em 1914, no vale do Itajaí, onde prospera atualmente a região mais rica daquele Estado; os **Botocudos**, do vale do Rio Doce, pacificados em 1911, cujo território tribal entre Minas e Espírito Santo é hoje ocupado por cidades e fazendas; os **Umotina**, dos rios Sepotuba e Paraguai, cuja pacificação, em 1918, permitiu explorar as maiores matas de poaia do Brasil; os **Parintintin**, que até 1922 mantiveram fechados à exploração os extensos seringais do rio Madeira e seus afluentes; os **Urubus**, que até 1928 detiveram em pé de guerra quase todo o vale do rio Gurupi, entre Pará e Maranhão; os **Xavante**, do rio das Mortes, pacificados em 1946.

Por força da heterogeneidade de desenvolvimento do Brasil, ao longo das nossas fronteiras de expansão econômica, várias tribos ainda resistem à invasão de seus territórios, lutando contra as ondas de seringueiros, castanheiros, poaieiros etc., lançados às matas em que habitam à procura de novas fontes de exploração para a indústria extrativa. Hoje, como nos dias de sua fundação, o Serviço de Proteção aos Índios é chamado a intervir nessas lutas para garantir a vida ao índio, sua terra e sua liberdade, bem como a segurança dos sertanejos envolvidos em conflitos com tribos hostis.

Esses choques que em 1910 ocorriam ainda em São Paulo, Minas, Espírito Santo, Bahia, Paraná e Santa Catarina, se processam hoje no Brasil Central, porque por lá correm em nossos dias os limites da zona efetivamente ocupada pela civilização no território nacional. Até recentemente, turmas de pacificação, compreendendo mais de uma centena de servidores, trabalhavam nas matas do sul do Pará, a fim de levar a paz a uma imensa região convulsionada por lutas sangrentas entre os índios **Kayapó**, **Gaviões** e **Parakanã** e os seringueiros, castanheiros e madeireiros que invadem suas terras. Essas tribos estão sendo alcançadas em seus últimos refúgios por ondas de invasores que devassam seus territórios cada vez que sobem as cotações da borracha e da castanha.

Como o cerco da civilização aperta dia a dia, lutam também entre si, num esforço de desalojar tribos mais fracas dos territórios que ocupam e para os quais querem escapar. Esse é o caso das lutas de extermínio entre os **Kayapó**, **Asurini** e outras tribos do Xingu.

Abandonadas a seu próprio destino, todas essas tribos seriam impiedosamente chacinadas, depois de enfraquecidas por lutas internas e, se houvesse remanescentes, estes seriam engajados compulsoriamente nos seringais onde morreriam como párias.

Graças à vigilância de Rondon, a maioria das tribos indígenas brasileiras goza de garantia possessória das terras, e o direito inalienável dos índios ao território que ocupam foi estatuído como princípio constitucional.

RONDON, CIVILIZADOR DO SERTÃO

Concomitantemente às suas funções de diretor-geral do Serviço de Proteção aos Índios, Rondon manteve suas atribuições militares de chefe da Comissão de Linhas Telegráficas e, nos anos seguintes, assumiu outras.

Assim, em 1918 aceita o encargo de elaborar a Carta de Mato Grosso, aproveitando os copiosos elementos que reunira e coligindo novos dados que exigiram o levantamento de extensas regiões desconhecidas.

Em 1919 é nomeado diretor de Engenharia do Exército, tendo oportunidade de estender a todo o país suas atividades que até então estavam circunscritas ao Noroeste brasileiro. E o fez com tal devotamento que, ao deixar a função anos mais tarde (1925), é saudado pela eficiência com que a exercera, honrando a cultura técnica do Exército.

Mas Rondon não abandona jamais as tarefas iniciadas; ao contrário, encontra em cada nova incumbência meios de levar à frente sua obra de indigenista e geógrafo.

Em 1927, já agora como general de Divisão, é encarregado de organizar e dirigir a Inspetoria de Fronteiras, criada para assessorar o governo quanto aos graves problemas de povoamento e vigilância das lindes brasileiras. Comprovando mais uma vez sua constante assertiva de que é urgentíssimo tudo que se refere ao serviço público, um mês depois de nomeado já se encontrava em campo com o estado-maior e as turmas de trabalho, em plena atividade. Assume pessoalmente a chefia de uma das equipes e encaminha-se primeiro ao Oiapoque para conhecer as fronteiras com a Guiana Francesa. Daí passa ao Rio Branco, ao Mahu e ao Tacutu para estudar as fronteiras com a Guiana Inglesa, chegando até o Monte Roraima, que sobe para determinações geográficas. Prossegue, depois, os trabalhos, subindo o rio Uraricoera para alcançar as fronteiras com a Venezuela. Nesse percurso ouve de índios que acompanharam a expedição Hamilton Rice o relato de que, ao alcançar certo monte, arrostando enormes dificuldades, decidira aquele explorador, num gesto de desafio, fazer uma inscrição no tronco de uma árvore e enterrar ao pé dela uma garrafa com dizeres alusivos ao feito que julgava difícil repetir-se. Rondon, que contava então 62 anos de idade, aceita o desafio, galga o mesmo monte, desenterra a garrafa e acrescenta algumas frases às do explorador Rice.

De volta a Manaus, depois dessas penetrações, Rondon, em vez de regressar ao Rio pela costa, decide prosseguir pelo interior a fim de percorrer mais uma vez as linhas telegráficas. Assim, alcança Cuiabá por terra, e ali se atribui duas novas missões de inspeção antes de regressar ao Rio, perfazendo, desse modo, 17.316 quilômetros, através dos quais utilizou de todos os meios de transporte em uso àquela época.

Em 1928 encontramos Rondon empenhado em nova expedição, desta vez subindo o encachoeirado rio Cuminá até suas nascentes nas fronteiras com a Guiana Holandesa. É, como sempre, acompanhado pelos colaboradores científicos que fizeram de suas expedições verdadeiros balanços da natureza brasileira. No ano seguinte, parte do Rio de Janeiro para nova inspeção geral das fronteiras, rumando para Manaus pelo interior do País, através dos rios Araguaia, Tocantins e Amazonas, cujas populações indígenas desejava conhecer e documentar. Dali prossegue num **raid** que desafia comparações mesmo com meios modernos de transporte, visitando, em janeiro, o Cucuí e o Tabatinga até Iquitos, no Peru; segue depois para o Acre a fim de percorrer o rio Xapuri e alcançar Bolpedra e Cojiba, em março; daí passa ao Guaporé, para iniciar a inspeção da fronteira com a Bolívia. Em junho se encontra em Cuiabá, donde parte, agora como diretor do Serviço de Proteção aos Índios, em inspeção ao Posto Indígena Simões Lopes, do rio Paranatinga. Em agosto retoma a inspeção das fronteiras com o Paraguai, percorrendo Forte Coimbra, Bela Vista, Ponta Porá, Inhuverá, Ipehum e Iguatemi. No mês seguinte passa ao Paraná e Santa Catarina, acompanhando sempre as fronteiras, e, quando se prepara para concluir os trabalhos através das lindes com a Argentina, é detido pelo irrompimento da revolução de 1930.

Seguem-se anos de conflitos internos em que a posição filosófica positivista de Rondon, que não lhe permitia participar de movimentos revolucionários, daria motivo a profundas incompreensões que dificultaram sobremaneira o prosseguimento de sua obra, obrigando-o a solicitar sua passagem à reserva, após 47 anos de serviços ininterruptos ao Exército e ao país.

Esse não foi, porém, um ato de renúncia à luta mas, ao contrário, a atitude que se lhe afigurou mais eficaz para defender da destruição iminente o Serviço de Proteção aos Índios, sobre o qual recaía toda a má vontade do governo revolucionário. Entretanto, naquele ano de

1930, o Serviço atingira um ponto alto de sua história, com mais de uma dezena de pacificações que permitiram a integração na vida nacional de extensas regiões antes convulsionadas por conflitos sangrentos entre índios e civilizados e mantendo em funcionamento 67 postos de assistência aos índios, distribuídos por todo o país.

Mas todos os esforços de Rondon foram em vão. Sobreveio o colapso provocado pela redução drástica das dotações orçamentárias, a transferência do Serviço para o Ministério do Trabalho, onde perde a autonomia administrativa e se vê transformado de um serviço nacional a simples seção subordinada a um departamento burocrático e pela perda, por transferência ou dispensa, dos servidores mais experimentados.

As consequências da nova orientação oficial fizeram-se sentir prontamente pela espoliação das terras de diversas tribos por usurpadores que, agora, podiam fazer prevalecer a cobiça sobre o direito dos índios; pelo amontoamento de diversos grupos recentemente pacificados que, vendo-se abandonados e entregues ao arbítrio de seus inimigos tradicionais e sentindo-se traídos, voltaram às matas e às correrias; pela perda, por abandono, de instalações e rebanhos dos postos que constituíam já um ponderável patrimônio indígena.

Essa ordem de coisas prevaleceria por dez anos, até a conclusão de uma nova empresa que, recolocando o nome de Rondon em grande destaque, lhe permitiria recuperar junto ao governo o prestígio necessário para reorganizar o Serviço de Proteção aos Índios.

RONDON, PACIFICADOR DE LETÍCIA

Quatro anos depois da revolução, em 1934, volta o Governo da República a apelar pelos serviços de Rondon, encarregando-o de uma missão diplomática diversa de tudo que havia feito até então, exceto pelas precaríssimas condições de vida que seria obrigado a defrontar no seu cumprimento. É nomeado delegado brasileiro e Presidente da Comissão Mista criada de acordo com a Liga das Nações, para velar pela execução do protocolo de 24 de maio de 1934 do Itamarati que tinha em vista encaminhar à pacificação o Peru e a Colômbia, que se encontravam em sangrento conflito pela posse da região de Letícia.

Instalada a Comissão, em junho de 1934, na vila de Letícia, ali permaneceria Rondon até julho de 1938, quando é alcançada a plena pacificação através da assinatura de um acordo final de paz entre os dois países. Nesse período de quatro anos, tanto os delegados peruanos quanto os colombianos foram substituídos diversas vezes, tais eram as condições de desconforto. Só Rondon permaneceu até o acordo final, embora contasse 73 anos de idade e sofresse de um glaucoma que, não tratado, progrediu até tomar-lhe inteiramente um dos olhos, perdendo-o.

Ao cabo dessa missão, Rondon é homenageado tanto pelos governos da Colômbia e do Peru como do Brasil, que lhe conferem suas mais altas condecorações como testemunho de reconhecimento pelas contribuições que deu à causada paz, graças às suas qualidades de caráter, ao seu espírito persuasório e à sua autoridade de geógrafo.

Na cerimônia de comemoração do término dos trabalhos, promovida pelo Itamarati, Rondon pôde dizer ao embaixador Afrânio de Melo Franco, autor do protocolo que ele levara à prática:

> Se ao Brasil, graças ao senso altruístico de um dos seus filhos, coube a iniciativa generosa que viria dirimir o conflito internacional de Letícia, ao delegado brasileiro coube a felicidade excepcional de ter concluído a execução do protocolo, permanecendo em assistência pessoal ininterrupta na região propícia, desde o primeiro até o último dia do compromisso do estatuto protocolar.[12]

---

12 Discurso do general Cândido Mariano da Silva Rondon na sessão cívica organizada pelo ministro das Relações Exteriores, dr. Oswaldo Aranha, para comemorar o regresso do Presidente da Comissão Mista Internacional Peru-Colômbia. Rio de Janeiro, 4 de agosto de 1938.

E, como resultado maior de seus esforços, Rondon assinala o artigo sétimo do Pacto de Amizade e Cooperação, que fixou a conduta presente e ulterior das duas nações na solução de seus problemas, comprometendo-se ambas à proscrição da guerra e afirmando o predomínio das soluções jurídicas que, doravante, deveria servir de norma na dormência de conflitos entre nações americanas.

> Fez-se assim a semeadura de fraternidade que já está produzindo frutos em nosso continente sempre aberto aos grandes ideais. Registramos jubilosamente, pela conclusão do pacto de Letícia, o êxito da primeira Comissão Internacional criada na América para resolver pendências entre nações.[13]

RONDON, PROTETOR DOS ÍNDIOS

A repercussão do sucesso de Rondon em Letícia lhe dá o ensejo de influenciar o governo para a volta de uma política indigenista consequente. O Serviço de Proteção aos Índios, que permanecia anulado como simples dependência da Inspetoria de Fronteiras, carecente de meios, de pessoal e de prestígio para realizar suas finalidades, volta em 1939 ao Ministério da Agricultura e sofre uma reforma que o recolocará em condições de retomar suas atividades praticamente abandonadas dez anos antes. No mesmo ano Rondon assume a presidência do Conselho Nacional de Proteção aos Índios, retomando, oficialmente, o encargo de orientar a política indigenista do país, fiscalizar a ação assistencial e exercer vigilância na defesa dos direitos dos índios.

Dentro em pouco voltavam a funcionar os antigos postos e muitos novos eram criados, levando a assistência oficial a outros grupos indígenas.

---

13   Ibidem.

Nos últimos anos a Etnologia vinha experimentando um promissor movimento de renovação que lhe permitiria superar as estreitezas de disciplina museológica e acadêmica voltada para o exótico e desinteressada do destino dos povos que estudava. Rondon, atento para as potencialidades práticas dessa nova perspectiva científica, propõe aos Poderes Públicos e obtém a criação, primeiro junto ao Conselho e, mais tarde, anexada ao Serviço de Proteção aos Índios, de uma Seção de Estudos. O novo órgão recebe a incumbência de documentar através da fotografia, do cinema e das gravações sonoras todos os aspectos da vida indígena suscetíveis desse tipo de registro, especialmente aqueles ameaçados de descaracterização ou desaparecimento em face dos progressos da aculturação. Mais tarde, devota-se a estudos etnológicos tanto com propósitos científicos como programáticos, de elaboração de novas diretrizes para a ação indigenista.

Dez anos depois a copiosa documentação reunida pela Seção de Estudos permitiria inaugurar o Museu do Índio, realizando uma das tarefas a que desde cedo se propusera o Serviço de Proteção aos Índios. Seria um museu de novo tipo, dotado para a luta contra os preconceitos que descrevem o índio como congenitamente inferior e incapaz de qualquer manifestação de refinamento espiritual. Desde sua inauguração, em 1953, vem contribuindo para divulgar uma imagem mais verdadeira e mais humana dos índios que sobrevivem no Brasil, procurando suscitar a simpatia e a compreensão indispensáveis para que seus graves problemas se encaminhem a uma solução.

Em 1952, Rondon leva ao Presidente da República o projeto de criação do Parque Indígena do Xingu, que constitui uma das mais importantes e generosas iniciativas que é dado tomar em nosso tempo para a preservação de uma vasta amostra da natureza brasileira original ameaçada de desaparecimento ou descaracterização, ressalvando-se os direitos dos índios que vivem na região pela garantia do usufruto dela.

A atuação e a vigilância de Rondon à frente do Conselho Nacional de Proteção aos Índios se fez sentir, sobretudo, nos graves momentos de crise em que interesses inconfessáveis perigavam prevalecer junto aos poderes da República sobre os direitos dos índios.

Contam-se centenas de intervenções e **démarches** que se viu obrigado a fazer, ora para salvar as terras de uma tribo ameaçada de esbulho, ora para corrigir erros de orientação e quase sempre para evitar cortes orçamentários que, a título de economia, ameaçavam paralisar serviços assistenciais ou de pacificação.

Ao completar 90 anos, em 1955, encontrava-se ainda em atividade, frequentando diariamente o Conselho de Proteção aos Índios como o mais sábio, o mais devotado e vigilante dos servidores da causa indígena. E, por isso mesmo, se pode asseverar: os índios que sobrevivem neste país chegaram até nossos dias graças à dedicação sem limites, ao ardor sem desfalecimentos com que Rondon se devotou à sua salvação através de 57 anos de trabalhos e de vigilância.

* * *

Não seria legítimo concluir sem nos perguntarmos se temos sido dignos da obra de Rondon. Se, para tanto, é suficiente saber que o temos cultuado, a resposta será afirmativa. Todos estamos prontos a reconhecer que ele foi o grande herói do nosso povo, a personalidade mais vigorosa, melhor definida, mais generosa que produzimos.

Aquela que indicamos ao mundo, dizendo:

– É o nosso herói, o nosso orgulho. Este povo de índios, de negros e de brancos que construiu uma civilização nos trópicos, através dele exprimiu o melhor de si mesmo, de seus anseios de fraternidade, de paz e de progresso.

– Por ele cresceu o próprio Homem, a própria Civilização se fez mais digna, revelando-se às suas vítimas mais desgraçadas por uma face cordial e humana.

O reconhecimento nacional e internacional da grandeza da vida e da obra de Rondon se tem demonstrado através de um sem-número de homenagens. Seu nome foi duas vezes recomendado por personalidades e instituições de todo o mundo para o Prêmio Nobel da Paz, instituído para homenagear aos que mais fizeram pela fraternidade humana. Conferido a Rondon, teria o sentido de uma sábia, oportuna e ponderável contribuição para mobilizar a opinião pública mundial em torno dos graves problemas dos sessenta milhões de indígenas da América, da África e da Ásia, ameaçados em sua sobrevivência tanto pelas condições de vida a que estão submetidos como pelas dizimações de que continuam sendo vítimas.

No Brasil muitas honrarias foram tributadas a Rondon. As mais recentes, ambas de iniciativa do Congresso Nacional, dão a justa medida do orgulho do povo brasileiro por Rondon. Seu nome foi dado a uma das unidades da Federação, o **Território de Rondônia**, antigo território do Guaporé, de área equivalente à da Itália, que ele foi o primeiro a devassar e que, através de suas expedições, integrou-se na vida nacional. A Câmara dos Deputados e o Senado Federal, em sessão solene realizada conjuntamente a 5 de maio de 1955, conferiram a Rondon, por motivo do seu nonagésimo aniversário, as honras de Marechal do Exército Brasileiro. Um raro marechal vitorioso nas batalhas da Paz.

Mas, convenhamos, não basta cultuar o herói, é necessário saber o que cada um de nós vem fazendo para realizar os princípios de Rondon, de que tanto nos orgulhamos. Rondon não é relíquia para ser cultuada e ignorada em vitrinas de museu. Rondon não é bandeira-troféu para suscitar emoções cívicas em hora aprazada e com efeito previsto.

Rondon é glória nacional, mas é, também, nossa grave responsabilidade de levar avante sua obra de amor e de trabalho, pela dignidade do Homem e pela grandeza deste país.[14]

---

14 No presente texto estão reunidas e refundidas duas conferências lidas pelo autor; a primeira, a 2 de dezembro de 1956, na Câmara de Vereadores do Distrito Federal, por ocasião da homenagem prestada pela Cruzada Tradicionalista Brasileira ao Marechal Rondon; a segunda, a 7 de maio de 1958, no auditório do Ministério da Educação e Cultura, em sessão solene de homenagem ao Marechal Rondon, promovida pelo Conselho Nacional de Proteção aos Índios.

Os quatro princípios de Rondon[1]

Diante do corpo de Rondon, quero falar de Rondon vivo, do seu legado de lutas e ideais que desde agora nos é entregue.

Do tenente-instrutor da Escola Militar que abandona a perspectiva de uma carreira de magistério, para devotar-se ao setor mais árduo da tropa, movido por suas convicções de positivista, ao marechal que morre, usando o último alento em repetir frases de Auguste Comte – vai toda uma longa e dura vida de trabalho, marcada pela fidelidade aos mesmos ideais.

Se o Brasil nada devesse a Comte, que tamanha influência exerceu sobre o pensamento nacional, deveríamos creditar-lhe, ao menos, o haver-se conformado à luz dos princípios morais de sua filosofia, a mais rica, a mais coerente, a mais enérgica e a mais generosa personalidade jamais criada pelo povo brasileiro.

Mas Rondon foi, ele também, um filósofo. Um pensador original, na medida em que, interpretando as condições peculiares de existência da sociedade brasileira e de sua larga experiência de convívio com nossas populações indígenas, formulou uma filosofia própria.

Quero recordar aqui os quatro princípios de Rondon, aqueles que orientam a política indigenista brasileira desde 1910, mas constituem, ainda hoje, a mais alta formulação dos direitos dos 60 milhões de indígenas de todo o mundo.

O primeiro princípio de Rondon, **Morrer, se preciso for, matar nunca**, foi formulado no começo deste século, quando, devassando os

---

1   Necrológio tido por Darcy Ribeiro no Cemitério São João Batista, a 20 de janeiro de 1958.

sertões impenetrados de Mato Grosso, ia de encontro às tribos mais aguerridas com palavras e gestos de paz, negando-se a revidar seus ataques, por entender que ele e sua tropa eram os invasores e, como tal, se fariam criminosos se de sua ação resultasse a morte de um índio.

Quando há alguns anos referimo-nos a este princípio numa conferência internacional fomos procurados pelo representante da Índia que indagou se era Rondon um discípulo de Gandhi. Esta pergunta vale por um julgamento da altitude a que alcançou o pensamento pacifista brasileiro, formulado por Rondon.

O segundo princípio de Rondon é o **do respeito às tribos indígenas como povos independentes**, que, apesar de sua rusticidade e por motivo dela mesma, têm o direito de ser eles próprios, de viver suas vidas, de professar suas crenças e de evoluir segundo o ritmo de que sejam capazes, sem estarem sujeitos a compulsões de qualquer ordem e em nome de quaisquer princípios.

Num tempo em que se presencia a dizimação em massa dos Kukuyos por tropas imperiais inglesas, na defesa dos interesses de colonos que se instalaram nas terras daquele povo, nenhum princípio é mais atual.

O terceiro princípio de Rondon é o de **garantir aos índios a posse das terras que habitam e são necessárias à sua sobrevivência.**

Neste caso não precisamos, lamentavelmente, buscar exemplos na África. Até hoje este princípio, embora inscrito na Constituição Brasileira, é, ali, apenas uma frase eloquente. Por não ter sido ainda regulamentado, também não é cumprido. Entre dezenas de exemplos possíveis, só vos direi que os Xavante são, hoje, juridicamente falando, invasores das terras em que sempre viveram, pois elas estão sendo concedidas em enormes glebas aos que têm maior capacidade de convencer ao poder público.

O quarto princípio de Rondon é **assegurar aos índios a proteção direta do Estado**, não como um ato de caridade ou de favor, mas como um direito que lhes assiste por sua incapacidade de competir com a sociedade dotada de tecnologia infinitamente superior que se instalou sobre seu território.

A luta para realizar esse princípio começou para Rondon em 1910, com a criação do Serviço de Proteção aos Índios, e custou o melhor de suas energias e todo o seu devotamento durante 47 anos. Graças aos esforços de Rondon, sobrevive hoje no Brasil uma centena de milhares de índios que não existiriam sem seu amparo.

Entretanto, é preciso que se diga: nesses mesmos anos, em virtude da carência dos recursos destinados ao Serviço de Proteção aos Índios, da falta de compreensão e de apoio por parte das autoridades mais responsáveis do país, da incapacidade daquele Serviço para colocar-se à altura da obra que é chamado a realizar, apesar do zelo e da combatividade de Rondon, desapareceram, não por não ser assimilados na população nacional mas simplesmente por morte, por extinção, mais de oitenta grupos indígenas.

Cabe aqui, pois, uma pergunta amarga: – Se tamanha hecatombe foi possível estando Rondon vivo, estando vivo o grande herói do nosso povo e paladino da causa indígena, o que sucederá agora, apagada sua vigilância, esgotada sua energia, emudecida sua voz?

Sejam minhas últimas palavras um compromisso e um chamamento diante do corpo de Rondon.

Marechal da Paz

Marechal do Humanismo

Protetor dos índios

– Aqui estamos os que cremos que a obra da vossa vida é a mais alta expressão da dignidade do povo brasileiro.

– Aqui estamos para dizer-vos que nada nos fará desanimar do propósito de dedicar o melhor de nossas energias para a realização dos vossos princípios.

– Aqui estamos para comprometer-nos a criar, tão prontamente quanto possível, uma **Sociedade de Amigos dos Índios** que conclame os brasileiros para tomar em suas mãos a vossa obra e prossegui-la.

– Nenhum de nós, ninguém, pode substituir-vos. Mas talvez mil reunidos sob o patrocínio do vosso nome possam tornar menos gritante o grande vazio criado com a vossa morte.

Bibliografia de
Cândido Mariano da Silva Rondon

1910 *Ethnographia*. Commissão de Linhas Telegraphicas e Estrategicas de Matto Grosso ao Amazonas. História Natural. Rio de Janeiro, anexo n. 5, 2. ed. em 1947. p. 57.

1912 *O Serviço de Protecção aos Indios e Localisação de Trabalhadores Nacionaes*. Rio de Janeiro. 10 p.

1915 *Pelos nossos aborígenes*. Rio de Janeiro: Papelaria Macedo. 28 p.

1915/1919/1949 Relatório apresentado à Directoria Geral dos Telegraphos e à Divisão de Engenharia do Departamento de Guerra. Commissão de Linhas Telegraphicas e Estrategicas de Matto Grosso ao Amazonas. I: Estudos e Reconhecimentos, 365 p. (1915); II: Construcção (1907 a 1910) 139 p. (1919); III Segundo relatório parcial correspondente aos annos de 1911 e 1912, 346 p. 2 mapas (1915); I e V 334 p. 5 mapas. (1949)

1916 Conferências realizadas nos dias 5, 7 e 9 de outubro de 1915 sobre trabalhos da Expedição Roosevelt e da Commissão Telegraphica. Commissão de Linhas Telegraphicas e Estrategicas de Matto Grosso ao Amazonas. Rio de Janeiro, XVII, n. 42, 266 p.

1922 Conferências realizadas em 1910 no Rio de Janeiro e em São Paulo. Commissão de Linhas Telegraphicas e Estrategicas de Matto Grosso ao Amazonas. Rio de Janeiro, n. 68. 122 p. (2. ed. 1946).

1938 Discurso pronunciado na sessão cívica organizada pelo ministro das Relações Exteriores, dr. Oswaldo Aranha, para comemorar o regresso do Presidente da Commissão Mixta Internacional Peru-Colômbia. Rio de Janeiro. 15 p.

1940 *Rumo ao Oeste*. Rio de Janeiro.

1940 Etnografia. *Revista Brasileira de Geografia*. Rio de Janeiro, v. 11. n. 4. 2. ed., 1944; 3. ed., 1946. p. 594-621.

1940 José Bonifácio e o problema indígena. *Revista do Instituto Histórico e Geográfico Brasileiro*, Rio de Janeiro. v. 174. p. 867-893, 1939.

1943 Problema Indígena. Separata do relatório de 1936 da Comissão Mixta Peru-Colômbia na questão de Letícia. *América-Indígena*, México. n. 1. p. 23-37.

1946/1955 *Índios do Brasil*. v. 1: do Centro, Noroeste e sul de Mato Grosso, 1946. 366 p.; v. 2: das Cabeceiras do rio Xingu, dos rios Araguaia e Oiapoque, 1953. 363 p.; v. 3: do Norte do rio Amazonas, 1955. 370 p. Rio de Janeiro.

Em colaboração com Antônio Pirineus de Souza:

1943 *Mapa do levantamento expedito do rio Juru, afluente do Gy-Paraná*, Rio de Janeiro, impresso em 3 cores com 1,56 x 0,45, escala 1:100.000.

Em colaboração com João Barbosa de Faria:

1948 *Glossário geral das tribos silvícolas de Mato Grosso e outras da Amazônia e do Norte do Brasil*. Conselho Nacional de Proteção aos Índios. Rio de Janeiro: n. 76. 257 p.

1948 *Esboço gramatical e vocabulário da língua dos índios Bororo*: Algumas lendas e notas etnográficas da mesma tribo. Rio de Janeiro: Conselho Nacional de Proteção aos Índios. n. 77. 211 p.

1948 *Esboço gramatical, vocabulário, lendas e cânticos dos índios Aríti (Paríci)*. Rio de Janeiro: Conselho Nacional de Proteção aos índios, n. 78, 110 p.

Em colaboração com o General Jaguaribe Gomes de Mattos:

1952 *Nova Carta de Mato Grosso*, impressa a cores, em escala de 11.000.000.

Bibliografia sobre a vida e a obra de Cândido Mariano da Silva Rondon

ANDRADA E SILVA, José Bonifácio
1912 Discurso pronunciado na sessão de 11 nov. 1911 na Câmara dos Deputados em defesa do Serviço de Protecção aos Índios e Localização de Trabalhadores Nacionaes, Rio de Janeiro. 22 p.

ANÔNIMO
1910 Homenagem a José Bonifácio no 88º Anniversario da Independencia do Brazil. Inauguração do Serviço de Protecção aos Índios e Localização de Trabalhadores Nacionaes. Rio de Janeiro. 119 p.

APOSTOLADO POZITIVISTA DO BRAZIL, Publicações do
1909 n. 276 – *O sientismo e a defeza dos indígenas*. A propósito dum artigo do dr. H. Jhering. Um exemplo digno do Rio Grande do Sul. Rio de Janeiro.

1910 n. 294 – *A civilização dos indígenas brazileiros e a política moderna*. A propósito dos projetos neste assunto, atribuídos ao dr. Rodolfo Miranda, ministro da Agricultura. Rio de Janeiro.

1910 n. 300 – *Em defeza dos selvagens brazileiros*. Rio de Janeiro.

1910 n. 305 – *José Bonifácio, a propósito do novo Serviço de Protecção aos Índios*, por M. Lemos. Rio de Janeiro.

1911 n. 333 – *Ainda pelos martirizados descendentes dos indígenas e africanos*. A propósito do projeto que fixa a despesa do Ministério da Agricultura, Indústria e Comércio para o exercício de 1912. Rio de Janeiro.

1912 n. 341 – *Atitude dos pozitivistas para com os católicos e demais contemporâneos*. A propósito das apreciações de alguns católicos sobre a conduta dos pozitivistas no que concerne à proteção republicana aos indígenas. Rio de Janeiro.

1912 n. 349 – *A proteção republicana aos indígenas e a catequese Católica dos mesmos indígenas.*

BANDEIRA, Alípio

1919 *Antiguidade e atualidade indígena.* Catequese e Proteção. Rio de Janeiro. 120 p.

1923 *A mistificação salesiana.* Rio de Janeiro. 93 p.

1926 *A cruz indígena.* Porto Alegre. 131 p.

BADET, Charles

1951 *Charmeur d'indiens:* Le General Rondon. Paris. 226 p.

BOTELHO DE MAGALHÃES, Amílcar

1941 *Pelos sertões do Brasil.* São Paulo. 2. ed. 507 p.

1942 *Impressões da Commissão Rondon.* São Paulo. 5. ed. 445 p.

1942 *Rondon* – Uma relíquia da pátria. Publica a fé de ofício do Gal. Cândido Mariano da Silva Rondon, 1881-1930. Curitiba. 250 p.

1943/1944 O problema da civilização dos índios no Brasil. *América Indígena.* México: v. 3. p. 153-160 e 329-335; v. 4. p. 55-63, 133--142 e 323-333.

1947 Índios do Brasil. *América Indígena.* México. 96 p.

1956 *A obra ciclópica de Rondon.* Rio de Janeiro: Biblioteca do Exército. 63 p.

BOTELHO DE MAGALHÃES, Amílcar; HORTA BARBOSA, Luiz Bueno

1916 *Missão Rondon.* Rio de Janeiro. 463 p.

CAVALCANTI, José Bezerra

1912 Exposição apresentada ao dr. Pedro de Toledo, ministro da Agricultura, Commercio e Industria. Rio de Janeiro.

CONSELHO NACIONAL DE PROTEÇÃO AOS ÍNDIOS

1946 *Catálogo geral das publicações da Comissão Rondon e do Conselho Nacional de Proteção aos Índios.* Rio de Janeiro. 34 p.

1946 *19 de Abril: O Dia do índio* – As comemorações realizadas em 1944 e 1945. Rio de Janeiro. v. 1. n. 100. 232 p.

CRULS, Gastão

1938 *A Amazônia que eu vi:* Óbidos – Tumucumaque. Rio de Janeiro. 2. ed. 339 p.

DUARTE, Bandeira

1941 *Rondon, o bandeirante do século XX.* São Paulo. 204 p.

GONDIM, Joaquim

1925 *A pacificação dos Parintintins.* Commissão Rondon. n. 87. 67 p.

GUSMÃO, Clovis de

1942 *Rondon.* Rio de Janeiro: Livr. José Olímpio. 226 p.

HORTA BARBOSA, Luiz Bueno

1913 *A pacificação dos Caingangs paulistas:* hábitos, costumes e instituições desses índios. Rio de Janeiro. 2. ed. 1947. 49 p.

1919 *Pelo índio e sua proteção oficial:* a "história da colonização do Brasil". Rio de Janeiro. 80 p.

1923 *Pelo índio e sua proteção oficial.* 2. ed. 1947. 71 p.

1926 *Commissão Rondon:* O problema indígena no Brasil. Rio de Janeiro. 2. ed. 1947. 31 p.

INSTITUTO HISTÓRICO E GEOGRÁFICO DE MATO GROSSO

1940 *O Instituto Histórico e o general Rondon.* Rio de Janeiro: Tomos 43 e 44. 151 p.

LINS, Ivan

1942 *A obra educativa do general Rondon.* Biblioteca Militar, Rio de Janeiro.

MAGALHÃES, Basílio de

1924 *Em defeza do índio e de sua propriedade.* 53 p.

1925 *Em defeza dos índios e das fazendas nacionais.* Rio de Janeiro. 87 p.

1946 Em defeza dos brasilindios. Separata da Publicação n. 101 do C.N.P.I. Rio de Janeiro. 39 p.

MIRANDA, Manoel

1911 *O Programma de José Bonifácio:* pela redempção da raça indígena. Rio de Janeiro. 54 p.

MIRANDA RIBEIRO, Alípio

1945 *A Comissão Rondon e o Museu Nacional.* Rio de Janeiro: Conselho Nacional de Proteção aos Índios. 2. ed. 92 p.

OFICINA INTERNACIONAL DO TRABALHO

1953 – *Poblaciones indígenas* – Condiciones de vida y trabajo de los pueblos autoctones de los países independientes. Genebra, 67 p.

OLIVEIRA, Humberto de

1935 *O índio do Brasil.* Rio de Janeiro. 67 p.

1947 *Coletânea de leis, atos e memórias referentes ao indígena brasileiro.* Rio de Janeiro. 229 p.

OLIVEIRA, José Mariano de

1899 *Pelos indígenas brazileiros.* Rio de Janeiro: Apostolado Positivista do Brasil, n. 138.

PAULA, José Maria de

1944 *Terra dos índios.* Boletim do Serviço de Proteção aos Índios. Rio de Janeiro. n. 1. 109 p.

RIBEIRO, Adalberto Mario

1943 "O Serviço de Proteção aos Índios em 1943". *Revista do Serviço Público* (separata). Rio de Janeiro: ano 6, v. 3, n. 3, 58 p.

RIBEIRO, Darcy

1953 "Organização Administrativa do Serviço de Proteção aos Índios". *Boletim SPI.* Rio de Janeiro. p. 1-15.

1954 "Indian Frontiers in Brazil". in Americas. *Revista da União Pan-americana.* Washington. p. 16-18 e 39-40.

1954 "O Serviço de Proteção aos Índios". *Boletim SPI.* Rio de Janeiro. p. 1-19; 56-78; 89-124.

1954 "Mourir s'il faut, mais ne jamais tuer". *Le Courrier de L'Unesco.* Paris. n. 8-9. p. 8-13.

ROOSEVELT, Theodore

1914 *Through the Brazilian Wilderness.* Londres, 2. ed.; Nova York, 1925. v. 11. 410 p. Tradução de Conrado Erichsen: *Através do Sertão do*

Brasil. São Paulo, 1944; Tradução de Luiz Guimarães Junior: *Nas Selvas do Brasil.* Rio de Janeiro, 1944.

ROQUETTE-PINTO, Edgar

1917 *Rondônia.* Archivos do Museu Nacional. Rio de Janeiro. v. 20. 250 p. Terceira edição brasileira de 1935; primeira edição alemã, em Viena, de 1954. Tradução de Etta Becker Donner.

TEIXEIRA MENDES, R.

1907 *Ainda os indígenas do Brasil e a política moderna.* Rio de Janeiro: Apostolado Positivista do Brasil. n. 253.

1915 *Ainda pelos martirizados descendentes dos indígenas e dos africanos.* Rio de Janeiro: Apostolado Positivista do Brasil. n. 392.

TORRES, Cid Luzo

1911 – *A influência pozitivista no atual Serviço de Proteção aos Índios e Localização de Trabalhadores Nacionais.* Rio de Janeiro: Apostolado Positivista do Brasil. n. 334.

VASCONCELOS, Vicente de Paula

1938 "Serviço de Proteção aos Índios: Visita a um posto de fronteira". *Revista do Serviço Público.* Ano 2, v. 1, p. 31.

1939 "A repartição dos negócios indígenas nos Estados Unidos e o Serviço de Proteção aos Índios do Brasil". *Revista do Serviço Público.* Ano 2, v. 2, p. 51.

1940 "O Conselho Nacional de Proteção aos Índios". *Revista do Serviço Público.* Ano 2, v. 1, p. 19.

1940 "O problema da civilização dos índios". *Revista do Serviço Público.* Ano 3, v. 2, p. 59.

1941 "A obra de proteção ao indígena no Brasil". *América Indígena.* v. 1, n. 1, p. 21-28.

VIVEIROS, Esther de

1957 *Rondon conta sua vida.* Nova York (Robert Speller) e Rio de Janeiro (Carlos Ribeiro).

Edições originais dos
ensaios reunidos no presente volume

Uirá vai ao encontro de Maíra: as experiências de um índio que saiu à procura de Deus. *Anhembi*, v. 26, n. 76. São Paulo, mar. 1957.

Os índios Urubu: ciclo anual de atividades de subsistência de uma tribo da floresta tropical. Anais do XXXI Congresso Internacional de Americanistas. Reproduzido no *Boletim Geográfico*. São Paulo, v. 20, n. 169, jan. 1962.

Sistema familial Kadiwéu. Este artigo é baseado em dados colhidos numa pesquisa realizada pelo autor nos dois últimos meses de 1947, entre os Kadiwéu, como parte do plano de trabalhos da Seção de Estudos do Serviço de Proteção aos Índios. Foi publicado originalmente em: *Revista do Museu Paulista*, Nova Série, São Paulo, v. 2, 1948.

Notícia dos Ofaié-Xavante. Os dados em que se baseia este trabalho foram colhidos no curso de um programa de pesquisas da Seção de Estudos do Serviço de Proteção aos Índios. Foi publicado pela primeira vez na *Revista do Museu Paulista*, São Paulo, Nova Série, v. 5, 1951.

A obra indigenista de Rondon. Coleção do Ministério da Educação e Cultura. Rio de Janeiro, 1958. Uma tradução ao castelhano foi publicada em *América Indígena*.

Os quatro princípios de Rondon. Necrológio lido por Darcy Ribeiro no Cemitério São João Batista em 20 de janeiro de 1958.

Vida e obra de Darcy Ribeiro

1922

Nasce na cidade de Montes Claros, Estado de Minas Gerais, a 26 de outubro, filho de Reginaldo Ribeiro dos Santos e de Josefina Augusta da Silveira Ribeiro.

1939

Começa a cursar a Faculdade de Medicina de Belo Horizonte. Nesse período, inicia a militância pelo Partido Comunista do Brasil (PCB), do qual se afastaria nos anos seguintes.

1942

Recebe uma bolsa de estudos para estudar na Escola de Sociologia e Política de São Paulo. Deixa o curso de Medicina e segue para a capital paulista.

1946

Licencia-se em Ciências Sociais pela Escola de Sociologia e Política de São Paulo, especializando-se em Etnologia, sob a orientação de Herbert Baldus.

1947

Ingressa no Serviço de Proteção aos Índios, onde conhece e colabora com Cândido Mariano da Silva Rondon, o Marechal Rondon, então presidente do Conselho Nacional de Proteção aos Índios. Realiza estudos etnológicos de campo entre 1947 e 1956, principalmente com os índios Kadiwéu, do Estado de Mato Grosso, Kaapor, da Amazônia, diversas tribos do Alto Xingu, no Brasil Central, bem como entre os Karajá, da Ilha do Bananal, em Tocantins, e os Kaingang e Xokleng, dos Estados do Paraná e Santa Catarina, respectivamente.

1948

Em maio, casa-se com a romena Berta Gleizer.

Publica o ensaio "Sistema familial Kadiwéu".

1950

Publica *Religião e mitologia Kadiwéu.*

1951

Publica os ensaios "Arte Kadiwéu", "Notícia dos Ofaié-Xavante" e "Atividades científicas da Secção de Estudos do Serviço de Proteção aos Índios".

1953

Assume a direção da Seção de Estudos do Serviço de Proteção aos Índios.

1954

Organiza o Museu do Índio, no Rio de Janeiro (rua Mata Machado, s/nº), que dirige até 1957. Ao lado dos irmãos Orlando e Cláudio Villas-Bôas, elabora o plano de criação do Parque Indígena do Xingu, no Brasil Central. Escreve o capítulo referente à educação e à integração das populações indígenas da Amazônia na sociedade nacional, da Superintendência do Plano de Valorização Econômica da Amazônia (SPVEA).

Publica o ensaio "Os índios Urubu".

1955

Organiza e dirige o primeiro curso de pós-graduação em Antropologia Cultural no Brasil para a formação de pesquisadores (1955/1956). Sob sua orientação, o Museu do Índio produz diversos documentários sobre a vida dos índios Kaapor, Bororo e do Xingu. Assume a cadeira de Etnografia Brasileira e Língua da Faculdade de Filosofia, Ciências e Letras da Universidade do Brasil, no Rio de Janeiro, função que exerce como professor contratado (1955/1956) e como regente da cátedra (1957/1961). Licenciado em 1962, é exonerado em 1964, com a cassação dos seus direitos políticos pela ditadura militar, e retorna à universidade somente em 1980, já com o nome de Universidade Federal do Rio de Janeiro (UFRJ). Por incumbência do Departamento de Ciências Sociais da Unesco, realiza um estudo de campo e de gabinete sobre o processo de integração das populações indígenas no Brasil moderno.

Publica o ensaio "The Museum of the Indian".

1956

Realiza estudos sobre os problemas de integração das populações indígenas no Brasil para a Organização Internacional do Trabalho (OIT).

Publica o ensaio "Convívio e contaminação: defeitos dissociativos da população provocada por epidemias em grupos indígenas".

1957

É nomeado diretor da Divisão de Estudos Sociais do Centro Brasileiro de Pesquisas Educacionais (1957/1959) do Ministério da Educação e Cultura (MEC).

Publica os ensaios "Culturas e línguas indígenas do Brasil" e "Uirá vai ao encontro de Maíra: as experiências de um índio que saiu à procura de Deus" e o livro *Arte plumária dos índios Kaapor* (coautoria de Berta Ribeiro).

1958

Empreende um programa de pesquisas sociológicas, antropológicas e educacionais destinado a estudar catorze comunidades brasileiras representativas da vida provinciana e urbana nas principais regiões do país. É eleito presidente da Associação Brasileira de Antropologia, exercendo o cargo entre os anos de 1958 e 1960.

Publica os ensaios "Cândido Mariano da Silva Rondon", "O indigenista Rondon" e "O programa de pesquisas em cidades-laboratório".

1959

Participa, com Anísio Teixeira, da campanha de difusão da escola pública frente ao Congresso Nacional, que elaborava a Lei de Diretrizes e Bases da Educação Nacional.

Publica o ensaio "A obra indigenista de Rondon".

1960

É encarregado pelo governo Juscelino Kubitschek de coordenar o planejamento da Universidade de Brasília (UnB). Organiza, para isso, uma equipe de uma centena de cientistas e pensadores.

Publica os ensaios "Anísio Teixeira, pensador e homem de ação", "A universidade e a nação", "A Universidade de Brasília" e "Un concepto de integración social".

1961

É nomeado diretor da Comissão de Estudos de Estruturação da Universidade de Brasília por Jânio Quadros.

1962

Toma posse como o primeiro reitor da Universidade de Brasília, cargo que exerce até 1963. É eleito presidente do Centro Brasileiro de Pesquisas Físicas. Assume como ministro da Educação e Cultura do Gabinete Parlamentarista do primeiro-ministro Hermes Lima. Publica o ensaio "A política indigenista brasileira".

1963

Exerce a chefia da Casa Civil do presidente João Goulart, até 31 de março de 1964, quando se exila no Uruguai devido ao golpe militar.

1964

Exerce, até setembro de 1968, o cargo de professor de Antropologia em regime de dedicação exclusiva da Faculdade de Humanidades e Ciências da Universidade da República Oriental do Uruguai.

1965

Publica o ensaio "La universidad latinoamericana y el desarrollo social".

1967

Dirige o Seminário sobre Estruturas Universitárias, organizado pela Comissão de Cultura da Universidade da República Oriental do Uruguai.

Publica o livro *A universidade necessária*.

1968

Recebe o título de Doutor Honoris Causa pela Universidade da República Oriental do Uruguai. Retorna ao Brasil em setembro por ter sido anulado, pelo Supremo Tribunal Militar, o processo que lhe havia sido imposto pelo tribunal militar. Com o Ato Institucional nº 5 do regime militar brasileiro, é preso em 13 de dezembro.

Publica os ensaios "La universidad latinoamericana" e "Política de desarrollo autónomo de la universidad" e o livro *O processo civiliza-*

tório: etapas da evolução sociocultural (Série Estudos de Antropologia da Civilização).

1969

Julgado por um tribunal militar, é absolvido por unanimidade a 18 de setembro, em sentença confirmada pelo Superior Tribunal Militar. É aconselhado a retirar-se novamente do país. Fixa-se em Caracas, sendo então contratado pela Universidade Central da Venezuela para dirigir um seminário interdisciplinar de Ciências Humanas, destinado a professores universitários e estudantes pós--graduados, e para coordenar um grupo de trabalho dedicado a estudar a renovação da Universidade.

A revista *Current Anthropology* promove um debate internacional sobre seu livro *The Civilizational Process* e seu ensaio "Culture--Historical Configurations of the American People".

1970

Participa do 39º Congresso Internacional de Americanistas, realizado em Lima, Peru, em agosto, como coordenador do seminário Formação e Processo das Sociedades Americanas, no qual apresenta o trabalho "Configurações Histórico-Culturais dos Povos Americanos", que publicaria no mesmo ano. Conclui seus estudos dos sistemas universitários, publicados em *La universidad latinoamericana*. A convite da Universidade Nacional da Colômbia, integra, em setembro, um grupo de peritos em problemas universitários que realiza um seminário em Bogotá para debater os aspectos acadêmicos da universidade: políticas, programas, estrutura.

Publica os livros *Propuestas acerca de la renovación* e *Os índios e a civilização: a integração das populações indígenas no Brasil moderno* (Série Estudos de Antropologia da Civilização).

1971

Prepara, a pedido da Divisão de Estudos das Culturas da Unesco, a introdução geral à obra *América Latina em sua arquitetura*. Participa de um congresso sobre o problema indígena, realizado em Barbados, sob os auspícios do Conselho Mundial de Igrejas, e colabora como um dos redatores da Declaração de Barbados sobre etnocídio dos índios. Participa do Colóquio Internacional sobre o Ensino das Ciências Sociais, realizado em Argel, apresentando trabalho em colaboração com Heron de Alencar. Em julho, convidado pelo Atheneo de Caracas, ministra uma série de seis palestras sobre Teoria da Cultura, resumidas em quatro conferências na Universidade de Los Andes, Mérida, Venezuela.

Publica o livro *O dilema da América Latina: estruturas de poder e forças insurgentes* (Série Estudos de Antropologia da Civilização).

1972

Em janeiro, com Oscar Varsavsky, Amílcar Herrera e um grupo de educadores do Conselho Nacional da Universidade Peruana, prepara um plano de reestruturação do sistema universitário peruano. Participa da II Conferência Latino-Americana de Difusão Cultural e Extensão Universitária, promovida em fevereiro, no México, pela União das Universidades Latino-Americanas (Udual), apresentando o trabalho "¿Qué integración latinoamericana?". Em abril, volta a Lima para reunião do Conselho Nacional da Universidade Peruana (Conup) e escreve, em seguida, o estudo "La universidad peruana". Radica-se em Lima, Peru, onde planeja, organiza e passa a dirigir o Centro de Estudos de Participação Popular, financiado pelo Programa das Nações Unidas para o Desenvolvimento (Pnud), pela Organização Internacional do Trabalho (OIT) e por sua contraparte peruana, o Sistema Nacional de Mobilização Social

(Sinamos). Por solicitação do Ministério de Educação e Pesquisa Científica da República da Argélia, elabora o projeto de estruturação da Universidade de Ciências Humanas de Argel, que conta com um projeto arquitetônico de Oscar Niemeyer. Entre junho e julho, assina, em Genebra, um contrato com a OIT para dirigir o projeto Pnud-OIT Per 71.550. Posteriormente, segue para Belgrado, Paris e Madri para visitar e estudar cooperativas e sistemas de participação. Em setembro é contratado como professor visitante do Instituto de Estudos Internacionais da Universidade do Chile e fixa residência em Santiago.

Publica os ensaios "Civilización y criatividad" e "¿Qué integración latinoamericana?" e o livro *Os brasileiros: teoria do Brasil*.

1973

Viaja ao Equador para participar de um programa de estudos do Centro Nacional do Planejamento e de seminários nas universidades.

Publica o ensaio "Etnicidade, indigenato e campesinato" e o livro *La universidad nueva, un proyecto*.

1974

Participa, em agosto, do 41º Congresso Internacional de Americanistas, realizado no México, dirigindo um seminário sobre o problema indígena. Em outubro, participa do Ciclo de Conferências nas Universidades do Porto, de Lisboa e de Coimbra, sobre reforma universitária. Em dezembro, regressa ao Brasil para tratamento médico, pondo fim ao seu exílio político.

Separa-se de Berta Ribeiro.

Publica o ensaio "Rethinking the University" e os livros *Uirá sai à procura de Deus: ensaios de etnologia e indigenismo* e *La universidad peruana*.

1975

Reassume, em junho, a direção do Centro de Estudos de Participação Popular, em Lima.

Em outubro, participa da comissão organizada pelo Pnud para planejar a Universidade do Terceiro Mundo, no México.

Publica o ensaio "Tipologia política latino-americana" e o livro *Configurações histórico-culturais dos povos americanos*.

1976

Participa do Seminário de Integração Étnica do Congresso Internacional de Ciências Humanas na Ásia, África e América, organizado pelo Colégio do México e realizado na Cidade do México, em agosto. Preside um simpósio sobre o problema indígena, realizado em Paris, em setembro, pelo Congresso Internacional de Americanistas.

Em outubro, regressa definitivamente ao Brasil.

Publica o ensaio "Os protagonistas do drama indígena" e o livro *Maíra*, seu primeiro romance.

1977

Participa de conferências no México e em Portugal.

1978

Participa da campanha contra a falsa emancipação dos índios, pretendida pela ditadura militar brasileira.

Casa-se com Claudia Zarvos.

Publica o livro *UnB: invenção e descaminho*.

1979

Recebe, em 13 de maio, na Sorbonne, o título de Doutor Honoris Causa pela Universidade de Paris IV. A coleção "Voz Viva de América Latina", da Universidade Nacional Autônoma do México (Unam), lança um disco de Darcy Ribeiro apresentado por Guillermo Bonfil Batalla. No disco, Darcy recita trechos de seu livro *Maíra*.

Publica o livro *Sobre o óbvio: ensaios insólitos*.

1980

Anistiado, retorna ao cargo de professor titular do Instituto de Filosofia e Ciências Sociais da Universidade Federal do Rio de Janeiro. Participa como membro do júri do 4º Tribunal Russell, que se reuniu em Roterdã, na Holanda, para julgar os crimes contra as populações indígenas das Américas. Integra a Comissão de Educadores convocada pela Unesco e que se reuniu em Paris, em novembro de 1980, para definir as linhas de desenvolvimento futuro da educação no mundo. A revista *Civilização Brasileira*, em seu volume 19, publica uma entrevista com Darcy Ribeiro sob o título: "Darcy Ribeiro fala sobre pós-graduação no Brasil". É eleito membro do Conselho Diretor da Faculdade Latino-Americana de Ciências Sociais (FLACSO).

1981

Participa como membro da Diretoria da 1ª Reunião do Instituto Latino-Americano de Estudos Transnacionais (Ilet).

Publica o romance *O Mulo*.

1982

Participa do Seminário de Estudos da Amazônia da Universidade da Flórida (fevereiro/março). Visita São Francisco e Filadélfia. É recebido na Universidade de Columbia e participa da reunião da Latin American Studies Association (Lasa), em Washington. Participa, em abril, do ciclo de conferências na Universidade de Madri.

É eleito vice-governador do Estado do Rio de Janeiro.

Publica o ensaio "A nação latino-americana" e o romance *Utopia selvagem*.

1983

Participa dos Rencontres Internationales de la Sorbonne: Création e Développement.

Assume as funções de secretário de Estado da Secretaria Extraordinária de Ciência e Cultura e de chanceler da Universidade do Estado do Rio de Janeiro.

1984

Como secretário extraordinário de Ciência e Cultura:

1) Planeja e coordena a construção do Sambódromo.

2) Constrói a Biblioteca Pública Estadual do Rio de Janeiro, organizada como um centro de difusão cultural baseado tanto no livro como nos modernos recursos audiovisuais, destinado a coordenar a organização e o funcionamento das bibliotecas dos Centros Integrados de Educação Pública (Ciep).

3) Organiza o Centro Infantil de Cultura do Rio, como modelo integrado de animação cultural, aberto a centenas de crianças.

4) Reedita a *Revista do Brasil*.

Publica o ensaio "La civilización emergente" e o livro *Nossa escola é uma calamidade*.

1985

Coordena o planejamento da reforma educacional do Rio de Janeiro e põe em funcionamento:

1) uma fábrica de escolas, destinada a construir mil unidades escolares de pequeno e médio porte;

2) a edificação de 300 Ciep para assegurar a educação, em horário integral, de 300 mil crianças.

Organiza, no antigo prédio da Alfândega, o Museu França-Brasil (atualmente Casa França-Brasil), com a colaboração do Ministro da Cultura da França, Jack Lang.

Publica o livro *Aos trancos e barrancos*.

1986

Darcy licencia-se dos cargos de vice-governador e secretário de Estado para concorrer ao pleito fluminense. Deixa para o Estado do Rio de Janeiro vários legados, como o Monumento a Zumbi dos Palmares, a Casa de Cultura Laura Alvim, o Restauro da Fazenda Colubandê, em São Gonçalo, e 40 atos de tombamento, incluindo 150 bens imóveis, com destaque para a Casa da Flor, a Fundição Progresso, os bondes de Santa Teresa, quilômetros de praias do litoral fluminense, a praia de Grumari, as dunas de Cabo Frio, diversos coretos públicos, a Pedra do Sal e o sítio de Santo Antônio da Bica, de Antônio Burle Marx. Cria a Casa Comunitária, um novo modelo de atendimento para milhares de crianças pobres.

Edita, com Berta Ribeiro, o livro *Suma etnológica brasileira*, em três volumes.

Reintegra-se ao corpo de pesquisadores do CNPq, para retomar e concluir seus Estudos de Antropologia da Civilização.

Publica os livros *América Latina: a pátria grande* e *O livro dos CIEP*.

1987

Assume o cargo de secretário de Estado da Secretaria de Desenvolvimento Social no Estado de Minas Gerais, para programar uma reforma educacional. A convite da Universidade de Maryland (EUA), participa de um ciclo de debates sobre a realidade brasileira. Elabora a programação cultural do Memorial da América Latina, a convite do então governador de São Paulo, Orestes Quércia.

1988

Profere conferências em Munique, Paris e Roma. Comparece à reunião anual da Tribuna Socialista em Belgrado e visita Sarajevo. Viaja a Cuba, México, Guatemala, Peru, Equador e Argentina para selecionar obras de arte para constituir o futuro acervo do Memorial da América Latina.

Publica o romance *Migo*.

1989

Como parte da campanha de Leonel Brizola à presidência da República do Brasil, coordena, nas capitais do país, a realização do Fórum Nacional de Debates dos Problemas Brasileiros. Participa, em Caracas, do Foro de Reforma do Estado, onde fala das Dez Mentiras sobre a América Latina. É reincorporado ao corpo docente da Universidade de Brasília, por ato ministerial proposto pela universidade. Comparece, como convidado especial, ao ato de posse do presidente Carlos Andrés Pérez, da Venezuela. Participa das jornadas de reflexão sobre a América Latina.

Publica o ensaio "El hombre latinoamericano 500 años después".

1990

Participa de debates internacionais na Alemanha (sobre intercâmbio cultural Norte-Sul) e na França (sobre a Amazônia e a defesa das populações indígenas). Integra o Encontro de Ensaístas

Latino-Americanos, realizado em Buenos Aires. É eleito senador pelo Estado do Rio de Janeiro, nas mesmas eleições que reconduziram Leonel Brizola ao governo do Estado do Rio de Janeiro.

Publica o ensaio "A pacificação dos índios Urubu-Kaapor" e os livros *Testemunho* e *O Brasil como problema*.

1991

Licencia-se de seu mandato no Senado para assumir a Secretaria de Projetos Especiais de Educação do Governo Brizola, com a missão de promover a retomada da implantação dos Ciep (ao todo, foram inaugurados 501).

1992

É eleito membro da Academia Brasileira de Letras, ocupando a cadeira de nº 11. Elabora e inaugura a Universidade Estadual do Norte Fluminense, em Campos dos Goytacazes.

Publica os ensaios "Tiradentes estadista" e "Universidade do terceiro milênio: plano orientador da Universidade Estadual do Norte Fluminense" e o livro *A fundação do Brasil, 1500/1700* (em colaboração com Carlos de Araújo Moreira Neto).

1994

Concorre, ao lado de Leonel Brizola, à Presidência da República.

É internado em estado grave no Hospital Samaritano do Rio de Janeiro.

Publica o ensaio "Tiradentes".

1995

Deixa o hospital e segue para sua casa em Maricá, no intuito de concluir a série Estudos de Antropologia da Civilização, o que acaba por conseguir com a obra *O povo brasileiro: a formação e o sentido do Brasil*. Publica também o livro *Noções de coisas* (com ilustrações de Ziraldo).

1996

Assina uma coluna semanal no jornal *Folha de S.Paulo*. Retoma sua cadeira no Senado e concentra suas atividades na aprovação da Lei nº 9.394/1996 (Lei de Diretrizes e Bases da Educação Nacional – Lei Darcy Ribeiro). Recebe o título de Doutor *Honoris Causa* da Universidade de Brasília. Recebe o Prêmio Interamericano de Educação Andrés Bello, concedido pela Organização dos Estados Americanos (OEA).

Publica os ensaios "Los indios y el Estado Nacional" e "Ethnicity and Civilization" (este com Mércio Gomes) e o livro *Diários índios: os Urubu-Kaapor*.

1997

Publica os livros *Gentidades*, *Mestiço é que é bom* e *Confissões*.

Falece, em 17 de fevereiro, na cidade de Brasília, no dia em que defenderia o seu Projeto Caboclo no Senado.

GRÁFICA PAYM
Tel. [11] 4392-3344
paym@graficapaym.com.br